Markus Heizmann

ZUR ANATOMIE DES IMPERIALISMUS

Markus Heizmann

Zur Anatomie des Imperialismus

– 1. Auflage 2019 –
ISBN 978-3-939710-34-9

Theorie und Praxis Verlag
Goldbachstr. 2
D 22765 Hamburg
Tel: 040 – 38 61 38 49

info@tup-verlag.com
www. tup-verlag.com

INHALT

Aufruf zur Internationalen Solidarität

Mit grosser Sorge betrachten wir, wie der Imperialismus mit seinem militärischen Arm, der NATO, Völker angreift und mit Raketen, Drohnen, und sonstigen zerstörerischen Mord- und Massenvernichtungswaffen bombardiert. Länder und blühende Kulturen werden vor unseren Augen in verbrannte Erde verwandelt. All das ist nur möglich, wenn wir dazu schweigen oder es gar akzeptieren. Die westlichen Medien führen den Krieg mit. Die Öffentlichkeit wird manipuliert und belogen.

Wir stellen ferner fest, wie so genannt demokratische Kräfte und Parteien, genannt seien die Sozialdemokraten und die Grünen, aber auch Einzelpersonen des opportunistischen Spektrums untätig zusehen oder nur lau auf die imperialistische Weltzerstörung reagieren.

Nach seinen Niederlagen – unter anderem in Vietnam und dem Irak – macht der Imperialismus zunehmend Gebrauch vom subversiven Krieg, wie wir das in Somalia, Libyen, Afghanistan und Syrien erleben.

Am Beispiel der Spaltung des Sudans in zwei Staaten und am Beispiel der Aufsplitterung Jugoslawiens und anderer versuchter oder vollzogener Separationen ist für alle klar erkennbar, dass jede neue Grenze und jeder neue Staat vom Imperialismus hervorgerufen werden. Die Spaltung ist das Kerngeschäft des Imperialismus. Wer also direkt oder indirekt zur Abspaltung von Ethnien oder sonstigen Volksgruppen aufruft, besorgt nur die Realisierung der imperialistischen Absichten. Dabei ist es unerheblich, wie sich solche spalterische Bewegungen nennen. Auch die Ausdrücke „Befreiungsbewegung“ oder „Autonomie“ können nicht darüber hinwegtäuschen, dass die Menschen irregeführt und missbraucht werden. Die Forderung „ein Volk, ein Staat“ ist zutiefst reaktionär, der Vielvölkerstaat hat keine Alternative. Die Welt ist gespalten. Der Imperialismus mit den USA, Deutschland, England, Frankreich und anderen NATO-Staaten herrscht gegen den Rest der Welt. Aber auch Staaten, die formal nicht Mitglieder der NATO sind, beuten aus. Israel und die Schweiz zum Beispiel sind im Imperialismus voll integriert. Nordwest, gemeint sind die Demokratisch Totalitären Gesellschaften der USA und Europas, beuten den Süden aus, zerstören rücksichtslos jeden Widerstandsversuch und setzen Kollaborateure an der Spitze des Staates ein (siehe z.B. Ḥāmid Karzay in Afghanistan). Diese Zusammenhänge müssen unsere politische Praxis leiten. Imperialismus ist gewaltsame Machterweiterung, ist Unterdrückung der Völker und ihrer legitimen Rechte. Imperialismus ist Zerstörung, Krieg und Massenmord. Jede Bewegung ist daher entweder anti-imperialistisch oder pro-imperialistisch, dazwischen gibt es keinen Freiraum. Bewegungen in Europa und den USA sind verpflichtet, die Aggressivität, Expansion und Destruktivität ihrer Staaten zu verhindern. Der anti-imperialistische Widerstand ist der einzige Weg zur Befreiung. Wir rufen zur absoluten, bedingungslosen und ungeteilten Solidarität mit allen von imperialistischen Aggressionen bedrohten und heimgesuchten Völkern der arabischen Region, Afrikas, Asiens, Mittel- und Südamerikas auf. Entsolidarisierung ist Imperialismus!

Mail: **buendnis.gegenkrieg@gmx.net**

Vorwort

Von Hubert Krammer[1]

Geht es nach der herrschenden Politik, den Leitmedien und den bürgerlichen Wissenschaften, handelt es sich beim Imperialismus um eine vergangene Epoche, die bestenfalls ein Relikt in der Geschichte darstellt. So wird es an Schulen und Universitäten gelehrt und damit die Auseinandersetzung mit diesem Phänomen der historischen und archäologischen Forschung überlassen, als harmloser Zeitvertreib ohne Gegenwartsbezug und ohne revolutionäres Potential. Die bekanntesten Bücher zum Imperialismus wurden vor mehr als 100 Jahren verfasst und gehen von mittlerweile überholten Voraussetzungen aus, abgesehen davon, dass sie in der Regel ein deterministisches Weltbild vertreten, das einer kritischen Reflexion des letzten Jahrhunderts nicht standhalten könnte.
Auch viele tatsächliche oder vermeintliche Linke wollen vom Imperialismus nichts mehr wissen und verwenden neue Termini, um den heutigen Zustand der Welt zu definieren.
Aber wie ist dieser aktuelle Zustand denn tatsächlich und erlaubt er es, dass wir die Hände in den Schoß legen, bis eine neue Generation das Rad neu erfindet? Wenn wir für diese Reflexion kurz annehmen, wir hätten eine Fernbedienung, mit der wir uns durch die politischen, sozialen und militärischen Abgründe dieser Welt zappen könnten wie durch den Schwachsinn des Fernsehprogramms, dann stoßen wir unweigerlich auf die Warnungen, die uns Rosa Luxemburg einst mitgegeben hat: Sie prophezeite vor einem Jahrhundert – am Höhepunkt der Imperialismustheorien – treffend, dass wir künftig entweder im Sozialismus oder in der Barbarei leben würden: und im Sozialismus leben wir definitiv nicht. Weder hat der Imperialismus an Bedeutung oder Brutalität verloren, noch gab es jemals in der Geschichte eine Epoche, wo der antiimperialistische Kampf wichtiger gewesen wäre als heute.
Das vorliegende Buch von Markus Heizmann analysiert, warum wir nach wie vor im Imperialismus leben, durch welche Merkmale und Erscheinungsformen er sich auszeichnet und wie er überwunden werden kann. Auch wird herausgestellt, warum es sich beim

---

1 Hubert Krammer ist Autor, u.a. von „Jenseits der Mythen: Imperialismus – Zionismus – Faschismus. Eine Quellenrecherche“ (TuP-Verlag, Hamburg), Künstler und politischer Aktivist.

Imperialismus um ein Gewaltverhältnis und nicht um ein ökonomisches Stadium handelt, wie das der historische Materialismus behauptet.

Konkrete Beispiele verdeutlichen die heutigen Machtverhältnisse und geben auch Anleitungen zur Praxis und zum konkreten Handeln. Auch vermeintliche politische Tabus werden in der gebührenden Respektlosigkeit hinterfragt und kritisiert. Selbst die heiligen Kühe des westlichen Mainstreams wie beispielsweise die israelische Apartheid, die proimperialistische Kollaboration der kurdischen YPG[2] in Syrien oder die medial geschürten humanitären Interventionen werden von der Weide geholt. Wer täglich mit Verschwörungstheorien gefüttert wird, mag sich durch diese Offenheit irritiert oder gestört fühlen und vielleicht sogar darüber empören. Andere wird es erleichtern, dass endlich jemand auszusprechen wagt, was uns die täglich konsumierten Medien und ein unkritischer Lehrplan verschweigen.

Ein wichtiges und seltenes Buch, das in keiner fortschrittlichen Bibliothek fehlen sollte, aber leider schon bald auf dem Index landen könnte – oder schlimmer noch, von der Fachwelt ignoriert wird, bevor es jemanden zum Nachdenken anregt und dadurch tatsächlich etwas bewegt.

Denn nur wer sich bewegt, spürt seine Fesseln – und das empfindet der real existierende Imperialismus, der in diesem Buch bloßgestellt wird, als Bedrohung.

2 *Yekîneyên Parastina Gel*, Kürzel YPG, Volksverteidigungseinheiten in kurdisch besiedelten Gebieten in Nordsyrien.

Warum dieses Buch?

Die Linke, vor allem die Linke Europas befindet sich in einer tiefen Krise.

Dabei ist es müssig zwischen einer „gemässigten" und einer „radikalen" oder einer „revolutionären" Linken zu unterscheiden: Noch bis vor wenigen Jahren oder Jahrzehnten mochten sich die Menschen der Illusion hingeben, eine „sozialistische" oder eine „sozialdemokratische" Regierung zu wählen sei eine echte Alternative zum System des inzwischen dominierenden Imperialismus und Militarismus. Spätestens seit dem Verrat der rot-grünen Kriegskoalition Schröder / Scharping / Fischer in Deutschland hat sich dieses, als „Alternative" gepriesene Szenario selbst erledigt. Aber schon vor diesem Verbrechen, welches Deutschland zurück ins Lager der kriegsführenden und kriegstreibenden Mächte katapultierte, entpuppten sich „Sozialisten" wie Tony Blair und andere als Lügner und als veritable Kriegsverbrecher, ohne dass sie deswegen jemals zur Rechenschaft gezogen wurden.

Diejenigen aber, welche für sich reklamieren, „radikale" und „revolutionäre" linke Werte zu vertreten beeilen sich indes, ihren angeblich reformistisch agierenden, sozialdemokratischen „GegnerInnen" nachzueifern, ja oft werden diese von links überholt: Was ist die Unterstützung der Farbrevolutionen eines George Soros anders als die Unterstützung des Imperialismus, des Militarismus und des Neokolonialismus?

Wer unhinterfragt und ohne gediegene Analyse Ereignisse wie die inszenierten Aufstände in der Ukraine, den sogenannten „arabischen Frühling" oder noch schlimmer Sezessionsbestrebungen, sei es nun seitens der Kurden in Syrien („Rojava") oder die mittlerweile vollzogene Teilung des Sudans unterstützt, unterstützt objektiv den Imperialismus und die imperialen Hegemoniebestrebungen. („Teile und Herrsche") Die Diskussion mit Bewegungen und Gruppen, die von sich überzeugt sind auf der richtigen Seite der Geschichte zu stehen erachten wir ganz bestimmt als notwendig. Andererseits wollen wir diese Diskussion aber auch nicht beliebig führen.

Wir haben nie behauptet und wir behaupten auch nicht im Besitz der ultimativen Wahrheit zu sein. Allerdings beharren wir darauf, den Begriff „Wahrheit" nicht in einem philosophischen, sondern in einem politischen Kontext zu verwenden. „Wahrheit" als philosophischer Begriff ist kaum fassbar und auf vielerlei Arten definier-

bar, meine Wahrheit unterscheidet sich von deiner Wahrheit und deine Wahrheit muss nicht ihrer Wahrheit entsprechen. Das sind genau die beliebigen Debatten in die wir uns nicht begeben.
Wenn wir von einer politischen Definition des Begriffes „Wahrheit“ ausgehen, dann reden wir von nachvollziehbaren und von belegbaren also von beweisbaren Ereignissen, die dann oft genug noch immer sehr komplex und schwierig zu analysieren sind.

Wenn wir jedoch von Beginn an der Kriegsargumentation folgen und die Diffamierung von Politikern wie Ṣaddām Ḥusain, Slobodan Miloŝević, Muʿammar al-Qaḏḏāfī oder Baššār al-Assad[3] genüsslich, wie es scheint, mittragen, wie wollen wir dann zu einer Analyse kommen, die der politischen Realität auch nur ansatzweise gerecht wird?
Die Linke, auch die europäische Linke, hat bestimmt emanzipatorisches und revolutionäres Potential – allerdings liegt dieses Potential ganz offensichtlich brach. Die europäische Linke scheint sich – bildlich gesprochen – im Wachkoma zu befinden. Oder um ein anderes Bild zu bemühen: Gemeinsam mit allen anderen Passagieren tanzt diese Linke auf der Titanic während sich der Eisberg mit jeder Sekunde nähert.
Sei es die Ökologie, seien es die Angriffskriege, sei es die atomare Bedrohung, sei es die anhaltende Ungerechtigkeit, all dies droht uns alle in den Untergang zu reissen. Das ist so klar, dass es schmerzt, zusehen zu müssen, wie ignorant wir uns gegenüber diesen Tatsachen verhalten.

„Hände weg von Syrien – Bündnis gegen den imperialistischen Krieg“ wurde als Bewegung gegen den – unserer Meinung nach offensichtlichen Angriffskrieg gegen Syrien gegründet. Wir wollen nicht missverstanden werden: Bei aller Solidarität, bei aller Sympathie und bei aller Freundschaft für Syrien, für das syrische Volk und seine gewählte Regierung: Es geht uns in diesem Buch und in unserer politischen Praxis nicht allein um Syrien. Vom Imperialismus angegriffene Länder rund um den Globus, Menschen die sich gegen diese imperialistischen, zionistischen und rassistischen Angriffe und Kriege stemmen sind unsere Adressaten. Aktuell ist die Rede von Venezuela, von Jemen, von Nicaragua, von Algerien,

3 Um nur vier von Unzähligen zu nennen!

ebenso wie von Syrien und von anderen Zielen der transatlantischen Aggression.
Nein, auch wir kennen die „Wahrheit“ nicht. Indes sind wir auch nicht dermassen mit Blindheit geschlagen, dass wir die Lügen der USA, der NATO und deren Vasallen nicht als solche erkennen, wir nennen hier auf dem beschränkten Platz der und zur Verfügung steht nur die offensichtlichsten: Der US Untersuchungsbericht zu 9/11 war eine Lüge! Die Behauptung, in Serbien gäbe es Konzentrationslager war eine Lüge! Die Behauptung, der Irak verfüge über Massenvernichtungswaffen war eine Lüge! Die Behauptungen in Syrien würde ein Diktator regieren, der sein eigenes Volk foltert, mit Giftgas und Fassbomben angreift sind Lügen! Und schliesslich: Die NATO, die USA und Europa seien Friedensmächte: Das sind Lügen! Auf diesen und auf anderen Lügen basieren die Angriffskriege des Imperialismus, die Opfer dieser Kriege zählen mittlerweile Millionen! Auf diesen Lügen, liebe Leserin, lieber Leserin, basiert unser Wohlstand, unsere Rentenauszahlungen, unser Leben unser ganzes System!
Diese Aussagen sind nicht verhandelbar. Sie sind verifizierbar, jede einzelne davon kann belegt werden oder wurde bereits zur Genüge belegt.
Was wir mit nun damit machen, wie wir damit umgehen, welche Rückschlüsse wir daraus für unser Leben und unsere politische Praxis ziehen, das kann sehr wohl Teil der Debatte sein, nicht aber diese Tatsachen an sich.
Wir meinen, die europäische Linke liegt auch deswegen in der Agonie, weil sie sich weigert mit diesen Tatsachen adäquat umzugehen. Die Augen zu verschliessen und zu flüchten, sei es in Resignation, in Revolutionsromantik, in Machtgelüste oder in anderes ist falsch. Sich korrumpieren zu lassen ist falsch.
Überall auf der Welt finden wir Gleichgesinnte, die vielleicht nicht zu 100% unsere Ansichten teilen, aber wie wir weigern sie sich, sich Sand in die Augen streuen zu lassen und sie bauen ihre Analysen und Ideologen auf der Realität auf. Wir erinnern an die Initiativen des *buen vivier*[4] in verschiedenen südamerikanischen Staaten,

---

[4] Siehe dazu: „*Buen vivir* – das gute Leben jenseits von Wachstum und Entwicklung“ von Eduardo Gudynas, zum download unter https://www.rosalux.de/fileadmin/rls_uploads/pdfs/Analysen/Analyse_buenvivir.pdf

wir erinnern an den immer noch real existierenden Sozialismus der syrischen Gesellschaft, wir erinnern aber auch die existierende und wachsende Süd Süd Kooperation der vom Imperialismus und Zionismus angegriffenen Länder.
Ihnen gilt unsere Solidarität.
An Euch alle, die Ihr dieses Buch in der Hand haltet, geht unser Gruß und unsere Botschaft an Euch: Es ist höchste Zeit aufzuwachen! Es ist nicht fünf vor zwölf, es ist zwölf! Es ist Zeit Widerstand zu leisten! Es ist Zeit die Kriege zu beenden! Es ist Zeit, sich zu solidarisieren: Mit den Opfern, der Angriffskriege, mit den Unterdrückten dieser Erde, mit dieser Erde!
Wir haben nichts zu verlieren ausser der Vernebelung unseres Geistes!

Zur Imperialismusfrage

Der Ursprung dieses Buches waren Debatten inner- und ausserhalb der Gruppe „Hände weg von Syrien – Bündnis gegen den imperialistischen Krieg". Das kurze Grundlagenpapier von „Hände weg von Syrien" steht denn auch am Anfang dieses Bandes.

Innerhalb der Linken in der Schweiz, in Deutschland und Österreich, überhaupt innerhalb der Linken Europas, bestand oder besteht offensichtlich wenig oder gar kein Anlass gegen die anhaltenden Penetrationen des Imperialismus gegen die Länder des Südens aktiv zu werden.

Das Thema „Imperialismus" scheint innerhalb der Linken abgehakt zu sein: Der Genosse Lenin hat 1916 seine Schrift „Der Imperialismus als höchstes Stadium des Kapitalismus" vorgestellt. Damit sei, so die offensichtlich vorherrschende Meinung, alles gesagt was es zu diesem Thema zu sagen gibt. Aber selbst wenn wir die leninistische Analyse des Imperialismus vorbehaltlos teilen würden, wäre eine solche Haltung theoretisch und praktisch nicht zu vertreten: Lenins Schrift wurde im Jahr 1916 verfasst. Wie können wir also annehmen, dass ein Text, der sich zu weiten Teilen auf die Gegebenheiten der damaligen Zeit bezieht, auch heute noch vollumfänglich gültig sein soll?

Die Auseinandersetzung mit der leninistischen Imperialismustheorie muss also geführt werden und zwar nicht nur im Hinblick auf die offensichtlich zeitlich bedingten Mängel, sondern auch inhaltlich soll das Werk kritisch hinterfragt werden.

Wie es der Name schon sagt, geht Lenin in seinem Werk davon aus, dass der Imperialismus – als höchstes Stadium des Kapitalismus – ein ökonomisches Verhältnis sei. Dem widersprechen wir und auch diesen Widerspruch wollen wir im folgenden formulieren und diskutieren.

Anders als Lenin sind wir der Meinung, dass der Imperialismus nicht ein ökonomisches, sondern ein Gewaltverhältnis ist. Historisch können wir keine Beispiele benennen, in denen der Imperialismus seine Interessen ökonomisch durchsetzte. Immer und überall stand an erster Stelle die militärische Gewalt bis hin zum Genozid. Es ging und es geht um Raubzüge, vornehmlich an den Rohstoffen der heimgesuchten Völker. Erst durch diese Raubzüge konnte sich im feudal herrschaftlichen Europa das kapitalistische System überhaupt erst entwickeln und etablieren. In Lenins Schrift suchen wir jedoch, ebenso wie in den Werken von Marx und Engels, vergebens

nach einer Analyse, geschweige den einer klaren und eindeutigen Verurteilung der Raubzüge und der Aggression der Europäer gegen die Völker der Welt. Mit einem klaren Blick in die Geschichte Europas und in die europäischen Raubzüge gegen Afrika, Asien und Amerika verbietet es sich, den Imperialismus als höchstes Stadium des Kapitalismus zu analysieren.
In ihren Werken beschreiben und erklären Marx und Engels den Kapitalismus, die kapitalistische Ökonomie und die Unterdrückung durch den Kapitalismus. Allerdings fällt dazu auf, dass weder bei ihnen noch bei Lenin die kolonialen Raubzüge und damit der Beginn der imperialistischen Expansion kaum thematisiert werden. (Engels äussert sich gar despektierlich über den anti-imperialistischen, bzw. anti-kolonialistischen Widerstand, zum Beispiel unter der Führung des Mahdī im Sudan.)[5]

---

[5] Einen eigentümlichen Gegensatz hierzu bilden die religiösen Aufstände der muḥammadanischen Weit, namentlich in Afrika. Der Islam ist eine auf Orientalen, speziell Araber zugeschnittene Religion, also einerseits auf handel- und gewerbetreibende Städter, andrerseits auf nomadisierende Beduinen. Darin liegt aber der Keim einer periodisch wiederkehrenden Kollision. Die Städter werden reich, üppig, lax in Beobachtung des „Gesetzes“. Die Beduinen, arm und aus Armut sittenstreng, schauen mit Neid und Gier auf diese Reichtümer und Genüsse. Dann tun sie sich zusammen unter einem Propheten, einem Mahdī, die Abgefallenen zu züchtigen, die Achtung vor dem Zeremonialgesetz und dem wahren Glauben wiederherzustellen und zum Lohn die Schätze der Abtrünnigen einzuheimsen. Nach hundert Jahren stehen sie natürlich genau da, wo jene Abtrünnigen standen: eine neue Glaubensreinigung ist nötig, ein neuer Mahdī steht auf, das Spiel geht von vorne an. So ist es geschehen von den Eroberungszügen der afrikanischen Murābiṭūn (Almoraviden) und Muwaḥḥidūn (Almohaden) nach Spanien bis zum letzten Mahdī von Ḫarṭūm (Khartum), der den Engländern so erfolgreich trotzte. So oder ähnlich verhielt es sich mit den Aufständen in Persien und andern muḥammedanischen Ländern. Es sind alles religiös verkleidete Bewegungen, entspringend aus ökonomischen Ursachen; aber, auch wenn siegreich, lassen sie die alten ökonomischen Bedingungen unangerührt fortbestehen. Es bleibt also alles beim alten, und die Kollision wird periodisch. In den Volkserhebungen des christlichen Westens dagegen dient die religiöse Verkleidung nur als Fahne und Maske für Angriffe auf eine veraltende ökonomische Ordnung; diese wird schließlich gestürzt, eine neue kommt auf, die Welt kommt vorwärts
(Zitiert aus: Friedrich Engels, „Die Geschichte des Urchristentums, MEW, Dietz Verlag)

Dieser latente, bisweilen offene Eurozentrismus fliesst denn auch folgerichtig nicht nur in die Imperialismus Analyse der europäischen Linken ein, sondern ist gar weitgehend deren Basis. Das will heissen: Die nunmehr seit mindestens 500 Jahren andauernden Aggressionszüge Europas und (später) der USA gegen die Völker der Welt werden bestenfalls als *Nebenwiderspruch* angesehen. Eigentlich beginnt die Aggression Europas jedoch nicht im Jahr 1492 mit der ersten Fahrt des Kolumbus, sondern schon viel früher, nämlich im Jahr 1095 mit dem ersten Kreuzzug unter Papst Inozenz. Weiter unten, im Kapitel „Haupt- Neben- Wider- und andere Sprüche“ wird tiefer auf diese Problematik eingegangen.
Die Theorie wurde also nicht konsequent durchdacht, kritisiert, aufgearbeitet und schliesslich vervollständigt. Dieser Mangel könnte dazu verführen, die europäische Linke als solche als eurozentristisch, rassistisch und imperialistisch zu benennen. Wie kommen wir zu dieser gewagten Einschätzung, die zugegebenermassen provokativ, ja beleidigend wirken mag?
Oben wurde schon angedeutet, das sich weder Marx, noch Engels noch Lenin verbindlich und klar gegen die kolonialen Raubzüge gewandt haben. Wohl aber haben alle drei Theorien formuliert oder wie im Fall von Lenin weiter entwickelt, welche der Arbeiterklasse zum Durchbruch verhelfen sollten. Dieses Proletariat jedoch bedingt die weitgehende Industrialisierung der jeweiligen Gesellschaft, ansonsten wäre es ja kein Proletariat, der klassenspezifische Charakter würde fehlen. (Es blieb Mao Ze Tong und anderen vorbehalten, die Bauern als tragende Kraft der Revolution in die Analyse miteinzubeziehen.) Eben die Industrialisierung jedoch war zur Zeit von Marx, Engels und auch Lenin ausschliesslich in den europäischen Gesellschaften vorhanden, später nach dem Genozid an der indigenen Bevölkerung durch die Europäer, kamen die USA dazu. Weder in Europa noch in den USA wird jedoch die Tatsache, dass die Grundlage der jeweiligen Wirtschaft die geraubten Rohstoffe sind, berücksichtigt. Dies ist jedoch ein äusserst verkürzter, eurozentristischer Ansatz: Um eine Revolution gegen die herrschenden Verhältnisse zu machen, muss erst ein Proletariat entstehen, damit ein Proletariat entstehen kann, muss die Gesellschaft erst industrialisiert werden. Mit anderen Worten müssen wir also erst das Problem Kapitalismus schaffen, damit danach das Proletariat das Problem Kapitalismus durch eine proletarische Revolution lösen kann.
Genau so absurd wie das tönt, ist es auch!

Wichtige MarxistInnen ausserhalb Europas haben dieses Problem erkannt und sich konstruktiv damit auseinander gesetzt. Genannt seien Führer des internationalen revolutionären Kampfes wie Mao ze tong, Ho chi min, Che Guevara, Amilcar Cabral, Samir Amin, Ghassan Kanafani und viele andere. Sie alle haben erkannt, dass im Marxismus-Leninismus gute Ansätze für den Befreiungskampf vorhanden sein mögen. Gemeinsam ist aber auch ihre Erkenntnis, dass diese Theorien keinesfalls unhinterfragt und für alle Länder und Regionen kausal gültig sein müssen. Eine weitere Gemeinsamkeit teilen sie: Sie alle wurden von den Gralshütern der reinen marxistischen Lehre diffamiert, zum Teil wurden Karrieren zerstört, zum Teil wurden die „Abweichler“ aus der Partei ausgeschlossen.[6]
Die Stagnation des politischen Denkens, die Weigerung sich auf eine konstruktive Art mit den angeeigneten Theoriebildern auseinander zu setzen und über den eigenen Tellerrand hinaus zu denken, erachten wir als ein rein europäisches Phänomen. Es fällt auf, das nach dem Zusammenbruch des real existierenden Sozialismus im Jahr 1989 nur die kommunistischen Parteien Europas kollabiert oder in eine tiefe Krise geraten sind. Alle kommunistischen oder sozialistischen Parteien ausserhalb Europas sind heil oder sogar gestärkt aus dieser Krise hervorgegangen. Auch deswegen meinen wir, dass es dringend notwendig ist eine Debatte zu führen, in welcher die Standpunkte geklärt werden. Wir haben nichts zu verlieren ausser der politischen Vernebelung unseres Geistes!
Für einen Atheisten mag es vollkommen sinnlos sein, mit einem Gläubigen auf der Basis des Glaubens zu diskutieren. Hingegen sollte es doch wohl möglich sein, mit MarxistInnen über die wissenschaftliche Haltbarkeit und über die politische Machbarkeit der marxistischen Lehre zu diskutieren. Dies um so mehr, als dieses Anliegen ja nicht aus dem feindlichen Lager kommt, sondern von GenossInnen, die solidarisch bestrebt sind, den anti-imperialistischen und anti-kapitalistischen Widerstand voran zu bringen. Es ist ja leider nicht so, das sich die Linke in Europa auf dem Vormarsch befindet.
Die Verweigerung einer sachlichen und klaren Debatte kann jedoch durchaus auch einem Selbstschutz Reflex zugeschrieben werden, da die geäusserte Kritik fälschlicherweise als Angriff missverstanden werden kann. Allerdings fragen wir uns, wie wohl eine linke Be-

---

[6] Ein Beispiel für viele ist der französische Kommunist Roger Garaudy

wegung in Europa jemals voran kommen soll, wenn sie sich bis zum heutigen Tag hartnäckig weigert, die gemachten Fehler und Fehlinterpretationen adäquat zu analysieren? Eurozentrismus und Rassismus zählen unserer Meinung nach ebenso zu diesen Fehlern, wie das Nicht Erkennen (oder Nicht Erkennen wollen) der kontinuierlichen europäischen und NATO Angriffe gegen den Süden.[7]

Wie oben erwähnt ist es die europäische Linke, die in der Agonie liegt, weltweit ist dies keineswegs der Fall. Weltweit bleibt kein Stein auf dem anderen, nichts ist so wie es einst war. Wir schlagen nun vor, sich auf seriöse Art und Weise, theoretisch und praktisch mit diesen Ereignissen auseinander zu setzen. Ein Beharren auf der altbekannten Klassenkampf Rhetorik ist ein Rückschritt. Wir halten das für gefährlich und im schlimmsten Fall für konterrevolutionär.

Wir verfassen diese Schrift in der Absicht, Positionen zu klären und eine tragfähige Solidarität zwischen den Menschen hier, in Europa, den NATO Staaten, in den USA, mit einem Wort, *im Herzen der Bestie* und den angegriffenen Völkern des Südens aufzubauen.

Wir wissen, das sind hohe Ansprüche. Wenn wir auch nur einen Teil davon einlösen können, wenn es uns gelingt, einen Teil der Verwirrung aufzulösen, kommen wir einen gewaltigen Schritt weiter.

---

7 „Süden" ist in diesem Zusammenhang nicht als geographischer, sondern als politischer Begriff zu verstehen. So zählen wir die angegriffene und schliesslich zerschlagene Bundesrepublik Jugoslawien zum Süden.

(Keineswegs abschliessende) Thesen zum Imperialismus

1.) Der Imperialismus ist ein Gewaltverhältnis, kein ökonomisches Verhältnis.

In seinem Werk „Der Imperialismus als höchste Stufe des Kapitalismus“ beschreibt W.I. Lenin den Imperialismus als ein wirtschaftliches Verhältnis. Uns ist kein einziges Beispiel in der Geschichte bekannt, in dem die imperialistischen Mächte ihre Interessen wirtschaftlich durchgesetzt hätten. Dies geschah immer und in jedem Fall militärisch und unter grossen Leiden und Opfern der angegriffenen Völker.

2.) Die Grundlagen des imperialistischen Systems in dem wir leben, sind Krieg und Gewalt.

In den imperialistischen Staaten Europas und der USA existiert keine andere Wirtschaft als die Kriegswirtschaft. Dabei handelt es sich nicht nur um die überbordende Rüstungsindustrie in den NATO Staaten, den USA und in Israel. Die Zulieferfirmen für die Armeen und Söldnerfirmen zählen ebenso dazu wir jeder andere Bereich des Militärisch Industriellen Komplexes. (MIK) Dieser Wahnsinn, immer mehr, immer grössere Waffen zu produzieren (die irgendwann irgendwo eingesetzt werden) ist eine Gefahr für jeden Menschen auf dem Planeten.

3.) Dies ist gleichzeitig der Hauptwiderspruch in unserer Gesellschaft: Der Widerspruch Imperialismus gegen anti-Imperialismus, also die Imperialismusfrage.

Damit negieren wir keinesfalls die Klassenfragen. Wir kennen zur Zeit kein Land, welches die Klassenfrage vollständig gelöst hat. Am schärfsten manifestiert sich Klassenfrage in den NATO Staaten, in den USA und in Israel. Gleichwohl kann nicht davon ausgegangen werden, dass dies nun global der Hauptwiderspruch sein soll. Die Länder als solche werden von der imperialistischen Militärmaschine angegriffen, nicht eine bestimmte Klasse in einem bestimmten Land. Nicht Slobodan Milošević, nicht Ṣaddām Ḥusain, nicht Muʿammar al-Qaḏḏāfī wurden angegriffen, sondern die Völker von Jugoslawien, Irak und Libyen. Sie sind die Opfer der imperialistischen Aggression, sie bezahlen mit ihrem Blut die Rechnung. Wenn dieser Hauptwiderspruch Imperialismus – anti-Imperialismus gelöst ist, wenn die imperialistische Aggression gegen die Völker der

Welt gestoppt wird, dann wird es die Aufgabe eines demokratischen und friedlichen Prozesses innerhalb dieser Länder sein, alle anderen Widersprüche wie die Klassenfrage, die Frauenfrage, etc. aufzulösen. Diese Aufgaben müssen die Länder ohne Einmischung von aussen und als souveräne Staaten lösen.

4.) Kolonialismus, Imperialismus, Faschismus und Zionismus gehören zusammen

Die kolonialen Raubzüge der Europäer gegen die Völker Afrikas, Asiens, der arabischen Welt und Amerikas bilden die Grundlage für die heutigen militarisierten US-NATO Staaten und für Israel. Die Bildung eines neuen imperialistischen Reiches mit dem Militärisch Industriellen Komlplex als Grundlage ist eine der Folgen des Kolonialismus. Das kapitalistische System verschleiert lediglich die so gut wie durchgehende Militarisierung der westlichen Staaten. Davon betroffen sind alle Bereiche des Lebens, Medien, Schule, Lehrbuch, Industrie usw. Faschismus und Zionismus sind rein europäische Phänomene, die von Europäern entwickelt und verbreitet wurden und werden.

5.) Eines der Kerngeschäfte des Imperialismus ist die Spaltung der anti-imperialistische Bewegungen.

Kolonialismus und Imperialismus können natürlich nicht davon ausgehen, dass die Verbrechen, die sie begehen widerstandslos hingenommen werden. Von Beginn an wird daher versucht, den Widerstand gegen die imperialistische Hegemonie hintertreiben und zu spalten. Beispiele dafür: Einer rein politischen Widerstandsbewegung wird eine religiöse „Widerstandsbewegung" gegenüber gestellt. Dem Widerstand des syrischen Volkes gegen die imperialistischen Angriffe der USA und der NATO wird eine „kurdische Autonomiebewegung" gegenüber gestellt. Angriffe gegen Regierungen von Venezuela und Nicaragua werden als „Volksaufstände" romantisiert etc.

6.) Die Aufgabe jeder fortschrittlichen und revolutionären Bewegung besteht darin, diese Zusammenhänge zu verdeutlichen und den anti-imperialistischen Widerstand zu organisieren und/oder zu unterstützen.

Wir registrieren, dass vorwiegend im Westen Probleme auftauchen, wenn diese Zusammenhänge verdeutlicht werden sollen. Es tauchen in der Debatte Totschlagargumente wie „Antisemitismus" auf, die eine fruchtbare Auseinandersetzung zum Beispiel mit dem Phänomen Zionismus versuchen zu verunmöglichen. Die brennenden Fragen sind u.a.: Was ist Zionismus? Was charakterisiert eine Befreiungsbewegung? Schliesslich, was ist Imperialismus? Ohne eine seriöse Auseinandersetzung mit diesen Fragen können wir nicht klar Position beziehen und schlussendlich keine klare Politik machen.

Das Verhalten der (europäischen) Linken zwischen Verwirrung und Verrat.

Die Ausgangslage könnte nicht klarer sein: Nordwest, sprich Europa, NATO, USA greifen zusammen mit ihren Vasallen (Israel, Österreich, Schweiz u.a.m.) mit furchtbarer Konsequenz ein Land nach dem anderen an. Jeder einzelne dieser Angriffe verbreitet Terror, Tod und verbrannte Erde bei den heimgesuchten Völkern. Zur Erinnerung: Als die Sowjetunion noch ein real existierender Gegenpart des Imperialismus war, wurde uns die Rüstung der NATO und der westlichen Armeen als „Nachrüstung" und als „Verteidigung" gegen den Warschauer Pakt verkauft.
Das war eine Lüge.
Die damalige Linke durchschaute diese Lüge und schloss sich der Friedensbewegung an, vielerorts wurde die Friedensbewegung gar von den ExponentInnen der Linken gegründet. Der Protest gegen den NATO Doppelbeschluss, der Protest gegen den Krieg als integralen Bestandteil des imperialistischen Systems war bis Anfang der 90iger Jahre aus dem politischen Diskurs nicht weg zu denken.
Dies änderte sich mit dem Zusammenbruch der Sowjetunion und dem daraus entstandenen Machtvakuum. Der Imperialismus konnte nun ungehindert sein aggressives Potential entfalten. Dies nicht zuletzt, weil sich selbst fortschrittliche Kreise der Illusion hingaben, dass nun, nach der Beendigung des Kalten Krieges, nach dem Fall der Berliner Mauer und nach dem Zusammenbruch des real existierenden Sozialismus endlich Frieden einkehren würde.
Das war ein Täuschung.
Chronologische, unvollständige Liste, der wichtigsten imperialistischen Kriege nach 1989:

20. Jahrhundert:

1989 US-Invasion in Panama

Der US-Überfall gegen Panama („*Operation Just Cause*") war ein militärischer Schlag der US-Streitkräfte gegen ein souveränes Land, Panama, der vom 20. Dezember 1989 bis zum 24. Dezember 1989 andauerte. Vordergründig ging es darum den „Diktator von Panama", Manuel Noriega zu bekämpfen. Selbst wenn wir annehmen, dass Noriega in der Tat mit Drogen handelte und korrupt war: Die USA maßen sich an, das Oberhaupt eines souveränen Staates zu entmachten und in den USA vor Gericht zu stellen und danach in einem US Gefängnis gefangen zu halten. So ganz nebenbei bekommen sie dazu noch den strategisch äußerst wichtigen Panama Kanal in die Hände.

1990-1991 Aggression gegen den Irak, sogenannter Zweiter Golfkrieg (UN-, USA, NATO Verband gegen den Irak)[8]

In Bezug auf die verwendeten Rüstungsgüter und den Mobilisierungsgrad der Kriegsparteien war der Angriff gegen den Irak 1990-91 der schwerste Krieg seit dem Ende des Zweiten Weltkrieges, selbst wenn man den Vietnam- und den Koreakrieg in den Vergleich einbringt. Darüber hinaus zeichnete sich der Krieg durch die ungewöhnlich asymmetrische Verteilung der Kriegsopfer, die einseitige Verfügung des Kriegsendes und den hohen Grad an mittelbaren Umweltschäden aus.

1991-2001 Angriffskriege gegen Jugoslawien

Nach einseitigen Volksabstimmungen erklärten zunächst Slowenien und Kroatien im Juni 1991 ihre Unabhängigkeit, gefolgt von Mazedonien (November 1991) und Bosnien und Herzegowina (März 1992). Slowenien und Kroatien wurden von Deutschland und Österreich sofort als „unabhängige Staaten“ anerkannt, was den Konflikt natürlich eskalieren ließ. Die rot-grüne deutsche Regierung unter Schröder (SPD, Bundeskanzler), Fischer (Grüne, Außenminister) und Scharping (SPD, Verteidigungsminister) führte Deutschland in den Krieg gegen Jugoslawien. Es folgte die Einmischung der NATO und der USA, was schlussendlich zur Zerschlagung der Bundesrepublik Jugoslawien und deren Aufspaltung in 7 künstliche „Staaten“. (Bosnien-Herzegowina, Kroatien, Mazedonien, Montenegro, Serbien, Slowenien und vor kurzem auch Kosovo) führte. Das Ziel, eine funktionierende multikulturelle, multiethnische, multireligiöse und weitgehend sozialistische Gesellschaft zu zerschlagen, hat der Imperialismus mit den Angriffskriegen gegen Jugoslawien vorläufig erreicht.

---

8 „Sogenannter 2. Golfkrieg“: Als „1. Golfkrieg“ gilt in dieser konventionellen Zählung der Iran-Irak Krieg. Dabei werden jedoch fälschlicherweise die kolonialen Angriffe der Briten gegen das irakische Volk ausgeblendet.

1998-2000 Eritrea-Äthiopien-Krieg
Eritrea bildete ab 1952 eine Konföderation mit Äthiopien, seine nominelle Eigenständigkeit wurde aber zunehmend eingeschränkt. Vor allem unter der marxistischen Derg-Militärregierung unter Mengistu Haile Mariam bildete sich Widerstand in Eritrea wie auch in weiteren Regionen Äthiopiens, so im angrenzenden Tigray. Der Kampf gegen den gemeinsamen Feind einte die äthiopischen und eritreischen Rebellen, die eine gute Zusammenarbeit entwickelten. 1991 gelang den Rebellen der Sturz des Derg-Regimes.
So gelang es Eritrea auch, 1993 auf friedlichem Weg die Unabhängigkeit von Äthiopien zu erreichen. Beide Seiten – Eritrea und Äthiopien akzeptierten die einstmals kolonial gezogenen Grenzen und eine Freundnachbarschaftliche Beziehung prägte das Verhältnis zwischen den beiden Staaten. Im Jahr 1997 korrigierte die deutsche GTZ (Gesellschaft für technische Zusammenarbeit) die existierenden Grenzen durch eine neue Karte zugunsten Äthiopiens. Dies löste einen zwei Jahre anhaltenden „Grenzkonflikt" aus, der sich zwar nicht (wie vom Imperialismus geplant) ausweitete, dessen Nachwehen jedoch trotzdem bis heute in beiden Ländern spürbar sind.

21. Jahrhundert:

2000-2005 Zweite Intifada
Als der damalige israelische Oppositionsführer Ariel Scharon (bekannt unter dem Namen „Schlächter von Beirut") am 28. September 2000 den Tempelberg in *al-Quds* (Jerusalem) besuchte, machte er damit den Anspruch Israels auf das gesamte Stadtgebiet deutlich. Dies war der Tropfen, welcher das Fass zum Überlaufen brachte und führte letztendlich zur zweiten, zur *al-Aqsa-Intifada.* Entgegen gängigen Meldungen wurde weder die 1. noch die 2. Intifada beendet; die Aufstände und der Widerstand des Volkes gegen Zionismus, Landraub, Vertreibung und Unrecht gehen vielmehr ineinander über.

seit 2001 Krieg in Afghanistan
Die Urheber der Anschläge auf die Türme des **World Trade Center** (WTC) am 11. September 2001 wurden bis zum heutigen Tag nicht ermittelt. Die USA und ihre Vasallen verbreiteten jedoch rasch, die *al-Qāʿida* (al-Qaida) stecke hinter den Anschlägen und die Regierung der *Ṭalibān* in Afghanistan würde der al-Qaida

Schutz bieten. Allein diese Behauptung der USA reichte aus, um eine gigantische Militärmaschinerie gegen Afghanistan in Marsch zu setzen. Seit 2001 leidet das Volk Afghanistans unter den täglichen Bombardierungen und dem täglichen Terror durch die imperialistischen Invasoren. Unabhängig davon ob die Anschläge gegen das WTC nun aufgeklärt werden oder nicht: Die kurze Zeit von den Anschlägen bis hin zu den Angriffen gegen Afghanistan deutet darauf hin, dass diese Angriffe schon vor langer Hand vorbereitet waren.

2003-2011 Erneute Aggression und Zerstörung des Irak

Wenn es ein Beispiel für einen schmutzigen Krieg und für die Untätigkeit der Menschen in den imperialistischen Ländern gegen diesen Krieg gibt, dann ist es ganz gewiss die Aggression und der Völkermord gegen den Irak, fortgesetzt am 20. März 2003. Nach einer 13-jährigen Hungerblockade gegen das irakische Volk, welcher vor allem Hundertausende Kinder zum Opfer fielen, schlug das imperialistische Lager erneut mit aller Brutalität zu. Losgetreten wurden die Verbrechen von den USA und Großbritannien mit einer gigantischen Lügenkampagne. Jedes einzelne Argument welches Bush, Blair und Konsorten gegen den Irak vorbrachten, erwies sich als Lüge. Gleichwohl gelang es den USA und Großbritannien, andere Länder zu erpressen und mit in den Krieg zu zerren. Zynisch nannten sie das „die Koalition der Willigen". Es fehlen hier der Platz und das Papier, um all die Verbrechen aufzuzeigen unter denen das irakische Volk litt und noch immer leidet. Eine der grässlichsten Spätfolgen der imperialistischen Angriffe sind die Auswirkungen der Uranmunition. Die vereinten Aggressoren verschossen im Laufe des Krieges 1.000 bis 2.000 Tonnen panzerbrechende Uranmunition. Ein Jahrzehnt später liegt die radioaktive Belastung stellenweise 180 Mal höher als die natürliche Strahlenbelastung. In Krankenhäusern steigt die Anzahl der Fälle von Leukämien und anderen Krebsarten teilweise um mehr als das Zehnfache. Auch Missbildungen bei Kindern nehmen drastisch zu – beispielsweise werden Körper mit drei oder vier Händen, zwei Köpfen oder oben liegenden Augen beerdigt. Auch die inneren Organe sind betroffen, zum Beispiel deutlich zu kleine Gehirne. Weder Bush, Blair, Rumsfeld, Cheney, Powell oder andere Kriegsverbrecher mussten sich für ihre Untaten verantworten.

2005 / 2006 Erneute Aggression gegen den Libanon
2005: Nach massivem Druck seitens der USA und Europas zieht sich die syrische Arme aus dem Libanon zurück. Kurze Zeit später erfolgt eine erneute israelische Aggression gegen den Libanon. Ein Jahr lang wird die libanesische Bevölkerung von der israelischen Luftwaffe, Marine und Artillerie beschossen.

2006, Juli: Die Libanesen begegnen den Aggressoren mit heftigem Widerstand. Die Offensive der *Ḥizb Allāh (*Hizbullah) gegen die Angreifer im Juli 2006 dauert 33 Tage.[9] Die Israelische Aggression gegen den Libanon wird zurückgeschlagen. Die israelische Regierung gesteht die Niederlage Israels im Libanon ein.

2008-2009 Massaker gegen die Bevölkerung von Ġaza („Operation Gegossenes Blei“)
Im Jahr 2005 räumte Israel seine völkerrechtswidrigen Siedlungen im Ġazastreifen. Nur drei Jahre später, im Dezember 2008, begann die flächendeckende Bombardierung des Ġazastreifens und der Bevölkerung von Ġaza durch die Zionisten. In den ersten Angriffswellen wurden gegen 1.500 Menschen im Ġazastreifen getötet, in ihrer Mehrzahl handelte es sich dabei um Zivilisten. Ein Massaker dieser Art an einer schutzlosen Zivilbevölkerung sucht in der Menschheitsgeschichte ihresgleichen.

Seit 2011 Subversiver Krieg gegen Libyen und Syrien – die Zerstörung Libyens
Im Jahr 2011 begannen in Tunesien und in Ägypten Aufstände, die als „arabischer Frühling“ bekannt werden sollten. Diese Volkserhebungen griffen auf alle Länder der Region über. Während dem Imperialismus hörige Regime, wie Saudi Arabien, Bahrein und andere diese Aufstände mit äußerster Brutalität niederschlugen, reagierten die Regierungen von Libyen und Syrien moderat. Diese Konzessionsbereitschaft wurde ihnen schlecht gelohnt: Vom Westen eingeschleuste, bezahlte Söldner begannen mit dem bewaffneten Kampf

---

9 Entgegen der im Westen veröffentlichten Meinung handelt es sich bei der *Ḥizb Allāh* (Hizbullah) nicht um eine „Terrororganisation“, damit wird der Widerstand von unten diffamiert. Die Ḥizb Allāh ist eine Organisation, die aus dem Volk kommt und die von Beginn an Widerstand gegen die zionistische Besatzung des Libanon geleistet hat.

und dem Terror gegen die Zivilbevölkerung. Die Streitkräfte der legitimen Regierung schlugen sowohl in Libyen, als auch in Syrien die bewaffneten Banden zurück und konnten damit auch Erfolge verbuchen. Gleichzeitig lieferte dies jedoch auch den Imperialisten den Vorwand, diese Länder offen anzugreifen. Während in Libyen dieser heimtückische Plan aufging und das Land unter französischer Führung unter dem Vorwand einer „Flugverbotszone" während Monaten flächendeckend bombardiert wurde, vermag es Syrien, bis zum heutigen Tag den Angriffen standzuhalten. Auch der Krieg gegen Syrien hat eine Vorgeschichte: Der Plan des „umfassenden nahen Ostens" (*greater middle east*) von Ralph Peters oder der Bandar Friedmann Plan belegen die Aggressionspläne der USA und der NATO.[10]
Der libysche Revolutionsführer Muʿammar al-Qaḏḏāfī, von der westlichen Propaganda zu einem Monster stilisiert, wurde am 20. Oktober 2011 bei Sirte gelyncht. Dass dieser Lynchmord in sämtlichen Medien gezeigt wurde, beweist einmal mehr die Verdorbenheit und den moralischen Bankrott der imperialistischen Gesellschaft. Kaum erwähnt wird auch die jüngere Geschichte Libyens: Im Zug des „Afrika Feldzuges" zerschlugen die italienischen Faschisten unter Benito Mussolini die gesamte Infrastruktur des Landes und ermordeten ein Drittel (!) der damaligen libyschen Bevölkerung.

Seit 2012 Angriff gegen Mali
Libyen, unter der Regierung von Oberst Muʿammar al-Qaḏḏāfī (Gaddafi), hatte vielen afrikanischen Ländern militärischen und wirtschaftlichen Schutz geboten. So auch Mali. Nach der Zerschlagung Libyens und der Ermordung von Gaddafi und vielen seiner Kader, strömten rasch die Söldner, welche bis dahin in Libyen gewütet hatten nach Mali. Bezahlt werden diese Banden von internationalen Konzernen, vielfach von Uran Explorationsgesellschaften. Sie terrorisieren die Bevölkerung, schüren Konflikte und sie destabilisieren das Land. Dies nahm Frankreich zum Anlass um am 11. Januar 2012 in Mali einzufallen. Dass die neo-koloniale Armee

[10] Siehe dazu „Die Erben von Sykes-Picot" von Eva und Markus Heizmann in „Neue Rheinische Zeitung" (http://www.nrhz.de/flyer/beitrag.php?id=25577) und Tim Anderson in „Der schmutzige Krieg gegen Syrien" Liepsenverlag, 2016

Frankreichs dabei von der malischen Regierung unterstützt wurde, ändert nichts an der Analyse: Frankreichs Armee hat in Mali ebenso wenig verloren, wie irgendeine andere imperialistische Armee in irgendeinem Land.
Nur unzureichend werden in dieser Aufzählung die zionistischen Aggressionen erwähnt. Dazu gehören die dauernde und systematische Vertreibung des palästinensischen Volkes, die illegalen, völkerrechtswidrigen Siedlungen, die Apartheidmauer, die Apartheid Gesetze im zionistischen Israel, der Rückbehalt von Geldern welche dem palästinensischen Volk zustehen durch Israel, die atomare Bewaffnung Israels und der damit verbundene anhaltende Terror gegen die Nachbarländer und gegen die Welt.
Diese Aufzählung imperialistischer Angriffe gegen Länder und Völker erhebt keinen Anspruch auf Vollständigkeit. Jeder einzelne dieser Angriffskriege verursacht unsägliches menschliches Leid, unwiederbringliche kulturelle Zerstörungen und eine noch nie dagewesene Zerstörung der Umwelt.
Der Krieg, die Zerstörung durch den Krieg, ist die größte Bedrohung der Menschheit. Kein politisch denkender Mensch wird nun aber Krieg mit Krieg gleichsetzen. Befreiungskämpfe, Widerstand gegen das Unrecht sind ohne jeden Zweifel gerechtfertigt. So unterstützen denn auch Linke weltweit die Befreiungsfronten gegen den Imperialismus. Und gleich hier tappen wir in die erste Falle!
Die imperialistischen Denker haben aus ihren gemachten Fehlern gelernt. Eine wichtige Lehre, die sie gezogen haben lautet: Solidarität in den imperialistischen Metropolen darf erst gar nicht entstehen. Wenn sie nun mit plumpen Argumenten gegen diese Solidaritätsbewegung vorgehen, so wie sie das in der Vergangenheit gemacht haben, scheitern sie. Die Friedensbewegung wurde „als von Moskau" gesteuert diskreditiert – sie ist gewachsen. Mit dem Zusammenbruch der Sowjetunion und der Auflösung des Warschauer Paktes hätte nun eigentlich eine Ära des Friedens anbrechen müssen. Das Gegenteil ist der Fall. Der Imperialismus und sein bewaffneter Arm, die NATO entfesseln eine nie dagewesene Aggression. Wie konnte das geschehen?
Die imperialistischen Vordenker sagen sich: *„Wenn sich die Gegner unserer Politik solidarisieren wollen, dann sollen sie sich solidarisieren. WIR aber sagen mit WEM"*. So werden sogenannte „Befreiungsbewegungen" konstruiert, so wird die Solidarität zersetzt und so zerfleischt sich die europäische Linke in akademischen Grabenkämpfen. Ein Beispiel mag dies verdeutlichen: An einer

Veranstaltung gegen die Aggression der NATO gegen Libyen, die sogenannte „Flugverbotszone“ war noch nicht beschlossen, dennoch war die Kriegsabsicht gegen Libyen für alle klar erkennbar, fragte ein Genosse den Referenten: *„Mit welchen fortschrittlichen Kräften in Libyen können wir uns nach dem Sturz von Gaddafi solidarisieren?“*
Der Referent[11] blieb erstaunlich ruhig und gab dem Genossen den Rat, sich doch am besten mit dem libyschen Volk zu solidarisieren. Es gab im Saal weder Empörung noch Diskussion zu dieser Frage. Wir wollen nun diese Diskussion in der gebotenen Kürze nachholen:
Erst mal eine Auslegerordnung:

– Diese Frage („Mit welchen fortschrittlichen Kräften in Libyen können wir uns nach dem Sturz von Gaddafi solidarisieren?“) wird von einem Genossen gestellt, der in einem Land lebt, dessen Regierung die Aggressoren direkt und indirekt unterstützt.
– Diese Frage impliziert natürlich, dass die souveräne Regierung Libyens nicht solidaritätswürdig sei.
– Der Fragesteller nimmt für sich in Anspruch zu definieren, was „fortschrittlich“ sei und was nicht.
– Die Tatsache, dass ein Land von einer Militärmaschinerie zerstört wird, die unter anderen auch er, mit seinen Steuergeldern finanziert, ist offensichtlich noch nicht in sein revolutionäres Bewusstsein vorgedrungen.

Für eine politische Weiterentwicklung ist es notwendig sich zu fragen, wie ein derart einseitiges Bewusstsein zustande kommen kann. Wir wollen versuchen dahinter zu kommen:
Der Genosse ist in die imperialistische Falle getappt: Er hat das Wort *„Befreiung von der Diktatur des Gaddafi Clans“* gehört und reflexartig steht er auf Seiten der so genannten Rebellen. Er hat gehört, dass die Klassenfrage in Libyen keineswegs gelöst ist, was also kann falsch daran sein, einen Herrscher zu stürzen. Haben wir denn nicht bei Marx gelernt, dass *„Die Geschichte aller bisherigen Gesellschaften die Geschichte von Klassenkämpfen“* sei? (Marx-Engels im kommunistischen Manifest). Wenn der Intellekt dieses

---

[11] Nader al-Sakka berichtete im Sommer 2011 in Basel über seine Reise auf der *Mavi Marmara* nach Ġaza. Im Verlauf dieser Veranstaltung kam es während der Diskussion zu der geschilderten Episode.

Genossen intakt ist, wird er in der Lage sein, die immanente Frage nach dem Haupt- und dem Nebenwiderspruch zu diskutieren. Wenn er jedoch auf seinen Dogmen beharrt, wird er sich bis an sein Lebensende fragen müssen, mit wem er sich den irgendwo in der Welt solidarisieren kann. Dazu kommt, dass Libyen unter der Regierung von Oberst Muʿammar al-Qaḏḏāfī eine real existierende Vision war. Es gab in Libyen eine funktionierende Grundversorgung, die Bildung des Volkes war frei für alle und hatte einen hohen Stellenwert, die Gleichberechtigung der Geschlechter war selbstverständlich. Die Süd-Süd Kooperation war integraler Bestandteil der libyschen Politik, die Einheit Afrikas wurde von Libyen aktiv gefördert. All dies und noch viel mehr wurde durch die Angriffe der NATO unter französischer Führung zerstört.

Unzähligen anderen imperialistischen Angriffskriegen sehen wir mehr oder weniger tatenlos zu. Als ein Beispiel von vielen nennen wir den seit März 2015 andauernden Angriffskrieg gegen Jemen. Vordergründig sind es Arabische Armeen, die das arabische Land Jemen attackieren. Saudi-Arabien, als Anführer dieser Angriffe als souveränen Staat bezeichnen zu wollen, kommt jedoch keinem politisch denkenden Menschen in den Sinn. Die *Āl Saʿūd* (al-Sauds), die „ihren" Staat wie ein Familienunternehme lenken und vor keinem Verbrechen zurück schrecken sind klar und eindeutig als Vasallen des Imperialismus erkennbar. So müssen auch die verbrecherischen Angriffe gegen Jemen interpretiert und analysiert werden.

Seit März 2015 Angriffskrieg gegen Jemen

Zu Jemen fällt vor allem das Schweigen der Medien zu dem gegenwärtigen Verbrechen auf. Länder wie Syrien, Bolivien, Somalia, Iran und andere werden mit Argusaugen beobachtet und der kleinste „Verstoß gegen die Menschenrechte", und sei dieser noch so sehr an den Haaren herbei gezogen, löst einen Sturm der Entrüstung in der westlichen Medienlandschaft aus. Im Jemen wird – wie zuvor u.a in Irak und in Libyen – ein blühendes Land in Schutt und Asche zerbombt.

Am 26. März 2015 begann Saudi-Arabien mit der *Operation Decisive Storm deutsch: „Sturm der Entschlossenheit"* einen Angriffskrieg gegen Jemen. Neben Saudi-Arabien beteiligen sich offiziell Ägypten, Bahrain, Katar, Kuwait, die Vereinigten Arabischen Emirate, Jordanien, Marokko, Sudan und seit Mai 2015 Senegal an der Aggression. Unterstützt werden die Angreifer von den Vereinigten Staaten von Amerika, Frankreich und von Großbritannien Wie ordnen wir diesen erneuten Angriff gegen ein souveränes Land in eine politische Analyse ein?

Auffällig ist:

Die Rolle Saudi-Arabiens als offener Aggressor

Die *Āl Saʿūd* (Al-Sauds) regieren als Dynastie Saudi-Arabien wie ein Familienunternehmen. Die saudische Regierung unterstützte in der Vergangenheit die Bestrebungen des Imperialismus, die Dominanz Europas und der USA im arabischen Raum zu etablieren oder zu festigen. Saudi-Arabien ist ein militärischer Stützpunkt des Imperialismus im Herzen der arabischen Welt.

Die Rolle Jemens

Jemen ist Träger einer jahrtausendealten Kultur. Diese Kultur beinhaltet auch die Widerstandskultur gegen Unrecht und Unterdrückung. Dieses Bewusstsein ist im jemenitischen Volk tief verankert. Die geo-strategische Lage Jemens zwischen der arabischen Welt und Ostafrika sind Chance und Risiko für dieses Land: Chance weil Jemen ein Bindeglied zwischen Afrika und Asien, ökonomisch, politisch und kulturell sein könnte. Risiko, weil Jemen eben genau deswegen im Fokus der imperialistischen Angriffsszenarien steht. Welche politische Gruppe nun genau was und warum im Jemen tut ist für ein westliches Auge schwer ersichtlich. Die von den Mainstream verbreitete Ansicht, es handle sich bei den aktuellen Angriffen gegen Jemen um „religiöse“ oder „ethnische“ Konflikte, können wir jedoch mit Sicherheit als imperialistische Propaganda ad acta legen. Der Jemen ist, ebenso wie viele andere Länder der arabischen, afrikanischen und asiatischen Welt ein vom Imperialismus angegriffenes Land.

Die Rolle der arabischen Liga

Ganz bestimmt muss die Rolle, welche die arabische Liga nicht nur bezüglich Jemens spielt, hinterfragt werden. Nur: Wessen Aufgabe ist es, diese Frage zu stellen? So wie sich die arabische Liga zur Zeit präsentiert, kann sie keinesfalls als integre antiimperialistische und antizionistische Organisation bezeichnet werden. Es dominieren Länder wie Qatar, Saudi-Arabien und andere, dem Imperialismus hörige Oligarchien. So wie die Liga zur Zeit agiert, agiert sie im Sinn der EU und der USA. Das kann keinesfalls im Sinn des anti- imperialistischen Kampfes oder auch nur eines antiimperialistischen Diskurses sein. Aber nochmals: Wer soll die arabische Liga reformieren oder falls eine Reformation nicht möglich ist, abschaffen? Dies können nur und ausschließlich die arabischen Völker tun!

Die Rolle der USA und Europas

Dem Obigen entnehmen wir, dass Europa und damit auch die USA, die wir als Wurmfortsatz des europäischen Kolonialismus in den amerikanischen Ländern definieren, die arabische Welt, inklusive Jemen, immer angegriffen haben. Damit liegt es auf der Hand, dass diese Mächte, EU, NATO und die mit ihnen verbandelten Vasallen die Hintermänner der aktuellen Angriffe gegen den Jemen sind. Der Krieg kommt von hier, der Krieg muss hier beendet werden!

Die Rolle Israels

Ebenso wie Europa und die USA ist auch Israel an vorderster Front bei den Angriffen gegen Jemen dabei. So meldete zum Beispiel bereits Ende April 2015 die Nachrichtenagentur Fars,[12] seit der Konflikt begonnen habe, könne man Israels U-Boote und Kriegsflugzeuge „ohne Weiteres“ in der Nähe der saudi-arabischen Küste beobachten. Als Quelle beruft sich *Fars* auf diplomatische Kreise. Am 31. Mai 2018 schreibt die israelische Zeitung Haaretz: „Iran meldet: In saudischer Botschaft im Jemen israelische Waffen gefunden“. Im Text heißt es: „Huthi-Kämpfer fanden in Sanaa in der verlassenen Botschaft Riads ‚eine große Kiste mit Waffen und Munition aus israelischer Herstellung‘.“[13]

---

12 http://english.farsnews.com/

13 http://www.haaretz.com/news/middle-east/1.658899

Doch damit nicht genug: Am 25. Mai 2018 meldete *Veterans Today*, dass über dem Jemen zwei israelische F-16 Kampfjets abgeschossen wurden:

„Jemens Luftabwehr hat in der nordwestlichen Provinz Sanaa ein Kampfflugzeug mit saudi-arabischen Hoheitsabzeichen abgeschossen, während es Luftangriffe flog. Es ist die zweite F-16, die diese Woche abgeschossen wurde – offensichtlich hat man die Stärke der jemenitischen Luftabwehr deutlich unterschätzt. Der saudi-arabische F-16-Jet wurde abgeschossen und stürzte im nördlichen Teil Sanaas in der Region von Bait Chairan im Bezirk Bani Harit ab.

Als man die Wrackteile der beiden Flugzeuge untersuchte, stellte man fest, dass es sich, um Typen handelte, die niemals an eine arabische Nation geliefert wurden, weder an Saudi-Arabien' noch an andere. In dieser Region ist Israel der einzige ‚Abnehmer' für diese Art Flugzeug."[14]

Verschiedene Webseiten, u.a. die oben erwähnte Veterans Today posten Videos von einer Atombombe, welche von einem dieser F-16 Jets abgeworfen wurde. Israel ist die einzige Atommacht im arabischen Raum!

Schlussfolgerungen

Wie oben erwähnt (Jemen in vorislamischer Zeit) blickt der Jemen auf einen jahrtausendealten kulturellen Reichtum zurück. Dieses kulturelle Erbe des Jemens (und anderer Länder in der arabischen Region) ist für die Menschheit von unschätzbarem Wert. Es fällt auf, dass wann immer ein Land von den imperialistischen Mächten oder von ihren Helfershelfern angegriffen wird, als erstes die kulturellen Errungenschaften des angegriffenen Landes geraubt oder zerstört werden:

Die Museen in London, Paris, Berlin und anderen europäischen Metropolen sind vom Keller bis zum Dach mit Raubgut aus der arabischen Welt, aus Asien und Afrika gefüllt. Wir alle haben die Bilder der Plünderungen der Museen von Bagdad anlässlich der

[14] http://www.veteranstoday.com/2015/05/25/additional-confirmation-of-yemen-nuclear-attack/

Aggressionen 1991 fortfahrend noch in unguter Erinnerung. Was nicht geraubt werden kann, wird zerstört:
In Bāmiyān (Bamiyan) wurden Buddha-Statuen gesprengt. In Sarajevo wurde die Bibliothek in Brand gesetzt. In Tadmur (Palmyra) wurde der Tempel des Baal gesprengt. Die Liste ist nicht vollständig, zeigt aber die Pathologie der imperialistischen Aggressoren: Nur mit einem kollektiven, gigantischen Minderwertigkeitskomplex der europäischen Gesellschaften können Kulturraub, Kulturzerstörung und Massenmord an den Völkern erklärt werden. Die aussereuropäischen Völker Afrikas, Asiens, Südamerikas und der arabischen Welt sind Träger von Hochkulturen. Diese Tatsache wird in Europa und in den USA kaum gewürdigt, im Gegenteil werden diese Völker als „rückständig", „primitiv" usw. diffamiert. Eine Rehabilitierung eben dieser Völker ist nicht nur überfällig, sondern dringend notwendig! Nicht Afrika, Asien, Südamerika oder die arabische Welt greifen Europa und die USA an, es ist umgekehrt. Natürlich lernen die Aggressoren aus ihren Rückschlägen: Kriege und Eroberungen werden in „Friedensmissionen" umbenannt. Wo dies nicht möglich ist, werden willige Vasallen an die Front geschickt. Im Falle Jemens übernimmt Saudi-Arabien diese Rolle.
Jemen wird von Saudi-Arabien angegriffen, nicht umgekehrt. Dies ist aber weder ein innerarabischer, noch ein religiöser Konflikt. Dies ist Teil des Angriffs gegen die Völker der Welt durch die NATO und die mit ihnen verbündeten Mächte. Es stimmt: Wir wissen wenig über Jemen. Warum ist das so? Über jeden anderen Angriffskrieg, den der Imperialismus führt, werden wir minutiös von den imperialistischen Medien unterrichtet und dabei auch nach Strich und Faden belogen Die Medien sind vor Ort, hautnah erleben wir die Geschehnisse mit, wie bei einem Fußballspiel, wie bei einer Hollywood Inszenierung. Nicht so beim Jemen – das Schweigen der Medien zu diesem Morden ist offensichtlich. Dennoch ist es relativ einfach, diese Aggression aufzuschlüsseln: Wir müssen die Langzeitgeschichte sehen, wir müssen uns fragen, wer profitiert vom aktuellen Morden am jemenitischen Volk und wir müssen unsere Schlussfolgerungen daraus ziehen:
Nicht Saudi-Arabien und die oben genannten Verbündeten Saudi-Arabiens greifen den Jemen an. Vielmehr handelt es sich um korrupte, dem Westen hörige Regierungen, die teilweise aus Eigeninteresse, teilweise aber schlichtweg aus Angst, das schmutzige Geschäft der NATO-Staaten, der USA und Israels erledigen. Die Völ-

ker dieser Länder sind ganz bestimmt nicht mit der Haltung ihrer Regierungen konform, zu tief verwurzelt sind Ideen wie arabische Einheit, Antikolonialismus, Antiimperialismus und Antizionismus. Tief verwurzelt ist auch die Diversität der verschiedenen Kulturen, Religionen und Ethnien im arabischen Raum. Die multikulturelle Gesellschaft, welche der Westen so gerne und zu unrecht für sich reklamiert, ist in diesen Ländern gelebte Realität.

Nein, die Gegner sind nicht irgendwelche religiösen Fanatiker. Gleichwohl gibt es diese natürlich. Die Muslimbruderschaft ist ebenso eine Realität wie ISIS, die *Ǧabhat an-Nuṣra* (al-Nusra Front), *al-Qāʿida* (al-Qaida) und andere Terrorgruppen. Diese sind allerdings nicht genuin – sie wurden und werden vom den imperialistischen Staaten und von den Vasallen des Imperialismus unterstützt oder gar gegründet.

Die Gegner der Völker sitzen in den think tanks der NATO und im Pentagon. Die religiösen Fanatiker, die von den Medien so hoch stilisiert werden, werden in eben diesen think tanks erdacht, konstruiert und medial aufbereitet. Nein, der Westen und der Norden wollen nicht Demokratie und Frieden etablieren, ihre Ziel sind Raub, Zerstörung, und Hegemonie. Die sogenannten „freien und demokratischen Gesellschaften“ des Westens sind parasitär. Sie leben vom Schweiß und vom Blut der Völker, die von ihnen ausgebeutet und zerstört werden.

Das und nichts anderes steht hinter den sogenannten „Konflikten“ weltweit, nicht nur im Jemen. Die Völker der Erde sind friedensfähig und sie sind friedenswillig. Demgegenüber steht die destruktive und todbringende Haltung der NATO-Staaten und der mit ihnen verbündeten Banden.

Es liegt an uns! Wir können uns einreihen in den Widerstand gegen Imperialismus und Zionismus. Wir werden, wenn wir das tun, Jemen ebenso verstehen, wie wir Syrien, Palästina, Bolivien, Kuba, die Ukraine, Somalia oder jedes andere vom Imperialismus angegriffene Land verstehen werden. Wir können nur gewinnen!

Jemen verstehen – ein Versuch

Jemen in vorislamischer Zeit

In der vorislamischen Zeit entwickelte sich unter den Kulturen das Gebiet des heutigen Jemen als Drehscheibe des Fernhandels zwischen Ostafrika, Indien und dem Mittelmeerraum zu einem blühenden politischen und kulturellen Zentrum der arabischen Welt. Die wirtschaftliche Grundlage bildete eine hochentwickelte Bewässerungstechnik, die den Regen aus dem Gebirge nutzbar machte. Der Jemen blickt auf eine jahrtausendealte Hochkultur zurück. Die Schrift war in vorislamischer Zeit im Jemen ebenso bekannt, wie eine hochentwickelte Architektur mit mehrstöckigen Gebäuden. Die ersten Schriften der Bibel stammen aus dem Jemen.

Die Römer nannten den Jemen wegen seiner Reichtümer *Arabia Felix* (glückliches Arabien). Ihr Versuch, das Land zu erobern, wurde zurückgeschlagen. Unter äthiopischem Einfluss verbreitete sich in Teilen Südarabiens das koptische Christentum. Von ca. 570 bis 627 war der Jemen eine Provinz des persischen Sassanidenreichs.

Islam im Jemen

Ab dem 7. Jahrhundert breitete sich die Lehre des Propheten Muḥammad auf der Arabischen Halbinsel aus. Der letzte persische Statthalter, Badhām, wurde 628 Muslim. Ab dieser Zeit bekannte sich die Mehrheit der jemenistischen Bevölkerung zum Islam und gehörte ab 661 zum Reich der umayyadischen Kalifen. Im 10. Jahrhundert bildete sich im Jemen ein zaiditisches Imamat, das mit Unterbrechungen bis zur Mitte des 20. Jahrhunderts weiter bestand.[15] Daneben herrschten zeitweise verschiedene andere Dynastien über weite Teile des Jemen: die Fāṭimiden und *Banū Ṣulaiḥ* (Sulaihiden) (11./12. Jahrhundert), die Ayyūbiden (12./13. Jahrhundert) und die *Banū Rasūl* (Rasuliden) (13.-15. Jahrhundert) sowie von 1538 bis 1630 die Osmanen.

Angriffskriege der Briten und der Türken

1839 besetzten die Briten ʿAden, das zu ihrem Stützpunkt auf dem bedeutenden Seeweg nach Indien wurde, ab 1937 erklärten sie ʿAden zur „Kronkolonie“. Aber schon mit der Eröffnung des Suezkanals 1869 war die strategische Bedeutung ʿAdens für Großbritannien enorm angestiegen.

---

[15] Die Zaiditen bilden innerhalb des Islams ein Zweig der Schiiten. Sie sind nach Zaid ibn ʿAlī benannt, einem Enkel des Prophetenenkels Husain, der sich 740 in Kufa gegen die Herrschaft der Umayyaden erhob und dabei den Tod fand. Die Zaiditen sind seit dem 9. Jahrhundert vor allem im Jemen verwurzelt, wo ihre Imame bis 1962 über ein selbständiges Fürstentum verfügten.

1905 legten das Osmanische Reich und Großbritannien die Grenze zwischen ihren sogenannten „Protektoraten“ fest. Nach dem Zusammenbruch des Osmanischen Reiches nach 1918 wurde der Norden Jemens 1918 ein unabhängiges Königreich unter dem Imam Yahya. 1944 gründeten im ʿAdener Exil Kaufleute, Intellektuelle und religiöse Führer die Oppositionsbewegung der „Freien Jemeniten“ gegen Yaḥyā Muḥammad (Yahya). Im Verlauf einer Revolte gelang es der Gruppe, diesen 1948 zu ermorden; sein Sohn, Imam Aḥmad, konnte den Aufstand jedoch niederschlagen. Ein weiterer Aufstand scheiterte 1955.

Die Teilung Jemens

Den konservativen Imamen im Nordjemen gelang es nicht, das Land zu modernisieren. Sie lehnten Ǧamāl ʿAbd an-Nāṣirs (Nasser) Panarabismus ab, dieser stiess aber auf die Zustimmung großer Teile der Armee und des Volkes. Am 26. September 1962 stürzte eine Gruppe patriotischer Offiziere unter der Führung von General ʿAbdu llāh as-Sallāl (Abdallah as-Sallal) die Monarchie und proklamierte im Norden die Jemenitische Arabische Republik. Der letzte Imam, Muḥammad al-Badr, floh in die Berge zu Stämmen, die ihm nach wie vor ergeben waren. Im darauf ausbrechenden achtjährigen Bürgerkrieg zwischen Royalisten und Republikanern unterstützten in einem Stellvertreterkrieg Großbritannien und Saudi-Arabien die gestürzte Monarchie, während Ägypten die patriotisch republikanischen Kräfte unterstütze, die schließlich die Oberhand behielten. In den imperialistischen Zentren London und Washington wurde befürchtet, ein Fehlschlag der Saudis könnte den panarabischen Nationalismus stärken und somit die ihnen hörige saudische Monarchie gefährden. Auch nach der Niederlage von al-Badr blieb die politische Lage instabil. Der Krieg zwischen den Republikanern und den Royalisten hatte 200.000 Tote und die totale Zerrüttung des Nordens zur Folge. 1970 endete der Bürgerkrieg mit einem Kompromiss.

Auch der Südjemen blieb von dem Krieg nicht verschont. Während des Bürgerkriegs waren viele linke Nationalisten und Kommunisten nach ʿAden geflohen. 1963 begann die neu gegründete, radikale „Nationale Befreiungsfront“ (NLF) einen Guerillakrieg gegen die Kolonialmacht Großbritannien. Großbritannien musste sich schließlich mit seinen Truppen geschlagen geben und sich zurückziehen. Am 20. November 1967 floh der letzte Britische Hochkommissar Humphrey Trevelyan in einem Flugzeug, das ihn nach London zurück brachte. Am 30. November 1967 rief die NLF die Republik Südjemen aus. Die neue Regierung unter Qaḥṭān Muḥammad aš-Šaʿbī (asch-Scha'abi) verfolgte von Beginn an einen sozialistischen Kurs und lehnte sich eng an die Sowjetunion an. Als der rechte Flügel der NLF die Forderungen des Parteikongresses blockierte, entstand die „Bewegung des 14. Mai“, die das Volk zur Unterstützung der Reformen mobilisieren sollte. Nach einem Jahr gewann diese Bewegung die Oberhand gegen die Armee.

Der Süden erhielt 1970 entgegen Moskaus und Pekings Rat eine neue, sozialistische Verfassung, nachdem 1969 Sālim Rubai‘ ‘Alī neues Staatsoberhaupt geworden war. Gleichbedeutend damit war in der Folge das Monopol der Jemenitischen Sozialistischen Partei (JSP), einer marxistischen Einheitspartei. 1976 kam es nach wiederholten Zusammenstößen zu einer Aussöhnung mit Saudi-Arabien, das ebenso wie Kuwait umfangreiche Wirtschaftshilfe anbot. Auch die wirtschaftliche Bindung an die Länder des real existierenden Sozialismus verstärkte sich.
1972, 1979 und 1981 kam es immer wieder zu Grenzzwischenfällen zwischen dem Norden und dem Süden. Parallel dazu fanden Verhandlungen statt, die eine politische Union der beiden Staaten zum Ziel hatten. 1973 scheiterte ein Vorstoss noch am nordjemenitischen Widerstand, doch verbesserten sich die bilateralen Beziehungen seit Beginn der 1980er Jahre. In den 80er Jahren litt der sozialistische Südjemen einerseits unter außenpolitischem Druck seitens des Imperialismus und innenpolitischen, subversiven konterrevolutionären Bestrebungen, dies vor allem während der Reagan-Ära.

Die Vereinigung nach dem Zerfall der Sowjetunion

Am 22. Januar 1990 verkündeten die Ministerpräsidenten beider Staaten die Öffnung ihrer gemeinsamen Grenze. Am 22. Mai desselben Jahres schlossen sich die Arabische Republik Jemen und die Demokratische Volksrepublik Jemen zur Republik Jemen zusammen. Der erste gesamtjemenitische Präsident wurde ‘Alī ‘Abdullāh Ṣāliḥ, der seit 1978 die Arabische Republik Jemen regierte. Während der US-Aggression gegen den Irak 1990 hatte Jemen noch den Irak unterstützt, was sich für den Jemen insofern katastrophal auswirkte, als sie als votierendes Mitglied des UN-Sicherheitsrats nunmehr den Kürzungen, oft Streichungen der Entwicklungshilfemaßnahmen der arabischen Öl-Staaten ausgesetzt war. Zudem wiesen die Golfstaaten alle jemenitischen Arbeitsmigranten, mithin etwa 800.000 Menschen aus ihren Ländern aus, was zum Ausfall von Rücküberweisungen von rund einer Milliarde Dollar führte und den jemenitischen Staatshaushalt extrem belastete. 1999 konnte der Jemen seine Beziehungen zu Kuwait normalisieren.
Am 27. April 1993 fanden im Jemen Parlamentswahlen statt, in denen sich drei große Parteien gegenüberstanden: der Allgemeine Volkskongress, die Sozialistische Partei sowie die Jemenitische Vereinigung für Reformen (Islāh). Die Parlamentswahl im April 1997 wurde von den Sozialisten boykottiert, da sie nach dem Bürgerkrieg von 1994 in der südjemenitischen Stammwählerschaft diskreditiert waren und sie aufgrund der Konfiszierung ihrer Konten und Immobilien nach Beendigung des Krieges nicht über die für eine Wahlkampagne nötigen finanziellen Ressourcen verfügten, so dass Präsident Ṣāliḥ fortan mit einer absoluten Mehrheit auch ohne die Islāh regieren konnte.

Die Frage nach dem Haupt- und dem Nebenwiderspruch

Die Klassenfrage sei der Hauptwiderspruch hören wir immer und immer wieder von den Genossen. An dieser Frage misst und spaltet sich die Solidarität. Wir betonen: Nicht die Klassenfrage, sondern die Imperialismus Frage und damit verbunden die Kriegsfrage ist der Hauptwiderspruch. Dies ist keineswegs eine rein akademische Debatte!

In vielen Ländern des Planeten wird vom Volk und von der Regierung die klassenlose Gesellschaft angestrebt. Verwirklicht ist sie zurzeit nirgendwo. Am schärfsten manifestieren sich die Klassengegensätze jedoch in den so genannt „entwickelten" Ländern, also in Europa, USA und Israel. Eine linke Partei oder Bewegung, die in der Klassenfrage den Hauptwiderspruch zu erkennen meint, sollte also in erster Linie gegen die kapitalistische Oligarchie in den Ländern des Nordens und des Westens opponieren. Diese Opposition jedoch beschränkt sich auf die traditionellen Klassenkampf Parolen. Grundlegend wird das System des Imperialismus und des Kapitalismus kaum in Frage gestellt. Bis auf verschwindend wenige und entsprechend marginalisierte Ausnahmen ist die europäische Linke reformistisch.

Aber selbst wenn das Dogma vom Hauptwiderspruch der Klassenfrage stimmen würde – was es unserer Meinung nach nicht tut – wird der Kampf zur Auflösung dieser bestehenden Klassengegensätze nicht mit der gebührenden Ernsthaftigkeit geführt. Politische Aufklärungsarbeit bleibt im Ansatz stecken. Das führt zu der absurden Situation, dass z.B. in der Schweiz eine Initiative eingereicht wurde, die das Ziel hatte, die Waffenausfuhr aus der Schweiz zu verbieten. Diese Initiative wurde von den Gewerkschaften abgelehnt, mit dem Argument, dies würde zu viele Arbeitsplätze kosten. Die Vorlage wurde am 29. November 2009 von 68,2% des Schweizer Stimmvolks und von allen Ständen (Kantonen) abgelehnt.

Die Forderung der Gewerkschaften war also nicht, die Waffenfabriken zur zivilen Produktion zu zwingen – oder gar zu enteignen – nein es ging und geht ihnen um Besitzstandwahrung, also um Reformismus!

Es wundert nicht, dass politisch aktive Menschen mit diesem theoretischen Hintergrund nicht in der Lage sind, in globalen Zusammenhängen zu denken. Was immer in der Welt geschieht, messen sie an ihrem eigenen, eurozentrisch geprägten Weltbild. Wenn also

die imperialistische Mordmaschine mit der NATO und ihren Vasallen ein Land, nehmen wir als Beispiel Somalia, angreifen, dann wird nicht in erster Linie dieser Angriff verurteilt. Es wird nicht versucht, mit allen Mitteln den Völkermord zu stoppen. Nein, die Debatte dreht sich um die feudalen Strukturen innerhalb der somalischen Gesellschaft, um Clanherren und darum, ob die Islamisten übernehmen werden, falls die westliche „Intervention“ scheitert.
Dieses Muster ist für jeden der oben aufgeführten Angriffskriege des Imperialismus durchgängig, das hat durchaus Methode, die Parolen, auch die Parolen der „Opposition“, ähneln sich wie ein Ei dem anderen:

1989	US-Invasion in Panama: Gegen die Invasion der USA, aber auch gegen Noriega
1990-1991	sogenannter Zweiter Golfkrieg (UN-, USA, NATO Verband gegen den Irak): Gegen die Angriffe aber der Irak soll Kuwait verlassen
1991-2001	Angriffskriege gegen Jugoslawien: Keine NATO Angriffe, aber auch weg mit Milošević!
1998-2000	Eritrea-Äthiopien-Krieg: Isayas Afewerki ist ein Diktator
2000-2005	Zweite Intifada: Solidarität mit Palästina, aber nicht mit der Ḥamās (Hamas)
seit 2001	Krieg in Afghanistan: Keine Solidarität mit den Ṭalibān
2003-2011	Erneute Aggression und Zerstörung des Irak: Keine Solidarität mit Ṣaddām Ḥusain
2006/2006	##??## Erneute Aggression gegen den Libanon: Keine Solidarität mit *Ḥizb Allāh* (Hizbullah)!
2008-2009	Massaker gegen die Bevölkerung von Ġaza („Operation Gegossenes Blei“): Stopp den Angriffen Israels, Stopp auch den Angriffen durch die Ḥamās
Seit 2011	Subversiver Krieg gegen Libyen und Syrien – die offene Zerstörung Libyens: Keine Solidarität mit Qaḏḏāfī (Gaddafi) und Assad
Seit 2012	Angriff gegen Mali: Keine Solidarität mit dem angegriffenen Volk von Mali
Seit 2015	Angriffskrieg gegen Jemen: Schweigen der (europäischen) Linken

Wir sehen: Kein einziger dieser imperialistischen Angriffe wurde klar verurteilt. Jeder Protest gegen die Angriffe war durch ein „Ja, aber …“ gekennzeichnet. Das Prinzip, des Selbstbestimmungsrechts der Völker, noch nicht mal ein linkes, sondern ein Anliegen der Vereinten Nationen, wurde und wird in jedem einzelnen Fall mit Füssen getreten.

Es wird von notorischen Zionisten versucht, die Kritik an der israelischen Mordmaschine mit dem Totschlagargument „Antisemitismus" mundtot zu machen. Bis weit ins linke Lager hinein ist dies gängige Praxis, wenn es darum geht die Solidarität mit dem palästinensischen Widerstand zu zersetzen. Damit werden die Opfer der deutschen Nazi Faschisten gleich mehrfach für die zionistische Propaganda missbraucht. Die gute Nachricht ist, dass immer mehr Menschen diese Perversion durchschauen. (Mehr dazu im Kapitel „Zionismus")

Das imperialistische Lager führt eine Daueraggression gegen den Rest der Welt. Kein Land, keine Regierung, kein Volk, welches sich den imperialistischen Machtansprüchen nicht beugt, kann sich sicher fühlen.[16] Die Bedrohung durch die imperialistische Kriegsmaschinerie betrifft alle. Wird ein Land angegriffen, wird nichts und niemand verschont. Falls Klassengegensätze im angegriffenen Land überhaupt je eine Rolle gespielt haben, verblassen sie angesichts des Bombenhagels zu einem Nichts. Kommt dazu, dass all diese angegriffenen oder zerstörten Länder fortschrittlich, antizionistisch und sozialistisch waren. Diese Länder werden von der nördlichen und westlichen Presse dämonisiert und diffamiert. Die europäische Linke könnte von diesen Ländern, genannt seien Libyen, Syrien, Irak, Nicaragua, Venezuela und andere nur lernen!
Eine Linke, die sich fortschrittlich nennt, und vor einer Situation steht, die als Weltkrieg bezeichnet werden muss, beharrt auf der Klassenfrage als dem primären Problem! Dass Menschen im Sekundentakt ermordet werden, dass ein Land nach dem anderen von der NATO und ihren Verbündeten durch Embargos ausgeblutet

[16] Tatsächlich sagte George W. Bush, nachdem die Gräuel von *Abū Ġurayb* (Abu Ghraib) bekannt geworden waren und er darauf aufmerksam gemacht wurde, dass jetzt eigentlich US-Soldaten und -Offiziere vor dem internationalen Gerichtshof in Den Haag angeklagt werden sollten, vor versammelter Presse: *„Bevor das geschieht, werden wir Holland bombardieren!"*

wird und in Schutt und Asche gelegt wird, soll tatsächlich lediglich ein Nebenwiderspruch sein?
Falls dem so ist, wäre eine solche Politik einerseits absolut unverständlich, anderseits aber in ihrer Konsequenz leicht zu durchschauen: Sie dient schlussendlich den Kriegszielen des Imperialismus. Wir können irgendein angegriffenes Land aus der obigen Liste als Beispiel nehmen: Überall werden wir das Eine oder Andere Defizit finden, eventuell gar die eine oder andere Menschenrechtsverletzung. Keine Situation in keinem der Länder ist jedoch so verheerend für die Menschen, wie die Situation während oder nach einem Angriff durch die NATO und deren Vasallen.
Keinesfalls negieren wir mit unserer Analyse die Klassengegensätze. Wohl aber sehen wir die Klassenfrage als Nebenwiderspruch. Falls es gelingt, imperialistische Angriffe abzuwehren und ein Land auch mit Hilfe der funktionierenden Süd-Süd Kooperation zu stabilisieren, wird sich das Volk in dem betreffenden Land schon selber um seine Klassengegensätze zu kümmern wissen! So geschehen in Venezuela, so geschehen in Bolivien und so würde es in allen Ländern geschehen, wenn es keine Einmischung durch den Imperialismus geben würde. Das Beharren auf der Klassenfrage in Bezug eines vom Imperialismus angegriffenen Land ist mehr als nur Entsolidarisierung: Eine der Folgen davon ist die Lähmung einer schlagkräftigen, politischen anti-Kriegsbewegung. Unter anderem wird diese Lähmung durch die Debatte, wer denn nun „solidaritätswürdig“ sei, herbeigeführt. Damit wird dieses Beharren auf der Klassenfrage weltweit gar konterrevolutionär. Das Bewusstsein, dass wir mit jedem vom Imperialismus angegriffenen Land solidarisch sein müssen, das Bewusstsein, dass es die Pflicht jedes politisch handelnden Menschen ist, sich den imperialistischen Angriffen weltweit mit allen Mitteln entgegenzustellen, dieses Bewusstsein muss wachsen! Wir rufen zur absoluten, bedingungslosen und ungeteilten Solidarität mit allen von imperialistischen Aggressionen bedrohten und heimgesuchten Völkern der arabischen Region, Afrikas, Asiens, Mittel- und Südamerikas auf. Entsolidarisierung ist Imperialismus.

Haupt- Neben- Wider- und andere Sprüche

Das Thema Haupt- und Nebenwiderspruch, bzw. Klassenfrage gegen Imperialismusfrage wurde von uns bereits weiter oben im Kapitel „Das Verhalten der Linken zwischen Verwirrung und Verrat“ angesprochen.

Die darin aufgeführten Thesen wurden bisher inhaltlich noch nicht seriös diskutiert. Das ist bedauerlich, denn selbst wenn die Kritik am Verhalten der europäischen Linken zum Krieg und zu den imperialistischen Kriegszügen teilweise hart und polemisch erscheinen mag, ist sie dennoch ebenso berechtigt, wie auch solidarisch.
Sowohl die Erfahrungen der letzten Jahre und Jahrzehnte, als auch die aktuellen Ereignisse dieser Tage bestätigen uns: Eine kritische Aufarbeitung des als links definierten Theoriebildes ist kein Luxus, sondern bitter notwendig.
Wir leben in einer Zeit des Umsturzes. Kein Stein scheint mehr auf dem anderen zu bleiben. Es begann in der arabischen Welt, genauer in Tunesien mit dem sogenannten „arabischen Frühling“ und alle von Hillary Clinton über Francois Hollande bis hin zu den pseudo linken und linken Publikationen begrüssten diese „Aufstände“. Wir stellen nun fest, dass hinter den Aufständen berechtigte Wut und Empörung steckte, die sich in Massendemonstrationen und zum Teil im Sturz der autokratischen Herrschaft niederschlug. Weiter stellen wir fest, dass die Völker, welche diese gesunden Revolten verursachten sehr wohl wussten, wo ihre ureigenen Interessen lagen und wer ihre Gegner sind. Wenn zum Beispiel in Antakya skandiert wird *„Türkisches und Syrisches Volk Schulter an Schulter gegen Imperialismus und Faschismus“*, dann kann kein Zweifel aufkommen, was damit gemeint ist: Gezeigt wird nämlich die türkische Fahne und die syrische Fahne und zwar die offizielle Fahne des syrischen Staates, nicht der neo-koloniale Fetzen der Todesschwadronen, die hier zu Lande noch immer liebevoll „Rebellen“ genannt werden. Dafür, für diese Solidarität mit dem syrischen Volk und dem syrischen Widerstand gibt es kein Lob aus den NATO Staaten, aus der EU oder den USA, ja diese Kundgebungen sind den westlichen Medien nicht mal eine Meldung wert.[17]
Hier also ein anderer Widerspruch, ebenso klar und ebenso verwirrend wie die Klassenfrage: Die Frage nach der Nation, nach der Abspaltung bestimmter Minderheiten von einer bestehenden Nation, damit verbunden, die Frage nach der Legitimation bestimmter „Befreiungsbewegungen“ verwirrt die in ihren Dogmen verharren-

[17] Ein Genosse des Autors aus der Region nahm an diesen Demonstrationen in Antakya teil. Möglicherweise wüsste wir ohne dessen Berichte noch immer nichts von dieser Solidarität vor Ort.

den europäischen Linken ganz offensichtlich ebenso sehr wir die Klassenfrage.

... Und selbstverständlich besteht zwischen den beiden Phänomenen ein kausaler Zusammenhang.

Linke Reflexe

Wenn in einem Land jenseits des imperialistischen Machtbereiches eine Revolte angezettelt wird, stellt sich die europäische Linke reflexartig auf die Seite von denen, die revoltieren. Eine Herrschaft soll gestürzt werden, gemäss linkem Selbstverständnis muss ein solches Unterfangen unterstützt werden. Als Libyen angegriffen wurde, stellte sich die europäische Linke erst mal die Frage, nach dem Klassencharakter der libyschen Politik. Dass eine ganze Gesellschaft von den Bombern der NATO hingemetzelt wird, wurde hingegen hingenommen wie schlechtes Wetter. Ähnliches konnten wir Jahre zuvor im Irak beobachten. Diese Passivität gegenüber einem stattfindenden Völkermord verdanken wir zu einem guten Teil der Theorielosigkeit, bzw. der falschen oder falsch verstandenen Theorie der europäischen Linken. Wenn die Diskussion über die Klassenfrage in einem vom Imperialismus angegriffen Land dazu führt, dass sich der Widerstand gegen diesen Angriff paralysieren lässt oder gar nicht erst entsteht, dann macht sich diese Linke bewusst oder unbewusst zum Komplizen der imperialistischen Mörder. Der linke Reflex „Klassenkampf" lässt nicht zu, das Offensichtliche zu registrieren, nämlich dass das System in dem wir leben – der Imperialismus – auf den Leichen und auf dem Blut der Völker der Südens aufgebaut ist.

Dabei negieren wir keinesfalls die Klassenfrage. Selbstverständlich existieren Klassen, selbstverständlich soll für die klassenlose Gesellschaft gekämpft werden, das ist nach wie vor eine revolutionäre Forderung. Wenn jedoch zugunsten dieser Forderung der Kampf gegen die imperialistischen Beutezüge hinten an gestellt wird und gleichzeitig mit Zynismus und Häme über die ihresgleichen suchenden Ermordungen von Staatsmännern wie Ṣaddām Ḥusain, Muʿammar al-Qaḏḏāfī oder Slobodan Milošević berichtet wird, dann wird eine eigentlich revolutionäre Forderung zu einem Instrument der Konterrevolution. Die NATO führt gegen diese und andere Länder Angriffskriege ohne diese je erklärt zu haben. Das sind eklatante Verletzungen des Völkerrechts und der UNO Charta. Es sind Kriege, die mit Lügen und Täuschungen geführt werden.

Im Namen der „Demokratie und der Menschenrechte" werden die Völker bombardiert. Vor der eigenen Bevölkerung behaupten die NATO Mörder, in den angegriffenen Ländern würde ein „Bürgerkrieg" stattfinden. Kein Gesellschaftssystem des Südens, keine Umwälzung der Gesellschaft ist so brutal und so menschenverachtend wie ein Angriff des Imperialismus!
Ein anderer, nicht weniger verheerender Reflex der im Imperialismus lebenden Linken ist der Reflex „Befreiungsbewegungen" zu unterstützen. Ebenso wie der Klassenkampf Reflex, ist auch dies eine einstmals durch und durch revolutionäre Forderung. Ebenso wie die Frage nach dem Klassencharakter einer angegriffen Gesellschaft kann auch die Frage, ob eine Befreiungsbewegung unterstützt werden soll oder nicht, verwirren und im schlimmsten Fall in die Unterstützung von konterrevolutionären Banden ausarten.
Es war Henry Kissinger, einer der Vordenker des imperialistischen Krieges in unseren Tagen, der sich nach der Niederlage des US Imperialismus in Vietnam Gedanken zu neuen Formen des imperialistischen Krieges machte: Kissinger, damals Chefberater des so genannten Sicherheitsrates der USA erklärte sinngemäss, die imperialistischen Armeen müssten dasselbe tun wie die Befreiungsbewegungen. Im Jargon von Kissinger bedeutet dies, dass nun ein „Bandenkrieg", also ein Untergrundkampf geführt werden muss.[18] Kissingers Plan wird, wenn er korrekt ausgeführt wird, gleich zwei Fliegen mit einer Klappe schlagen: Einerseits müssen die USA keine Bodentruppen mehr in ein Land schicken. Eine existierende, unzufriedene Minderheit, die sich ohne jeden Zweifel in jedem Land finden oder schaffen lässt, wird im betreffenden Land instrumentalisiert, trainiert und bewaffnet; der Kampf wird von Einheimischen gegen Einheimische geführt, die imperialistischen Mächte bewaffnen beide Seiten und fahren schlussendlich die blutige Ernte ein. Eine andere Folge dieser perfiden Methode ist, dass eine schlagkräftige Solidaritätsbewegung gegen den imperialistischen Angriff gar nicht erst entstehen kann. Als Beispiel für viele mag uns der Sudan dienen: Uns ist keine einzige nennenswerte Solidaritätsbewegung mit der Regierung von Karthum bekannt. Dies, obwohl der Sudan von den USA mehrmals mit Luftangriffen attackiert wurde und die angebliche „Befreiungsbewegung" des Süd Sudans massiv mit Geld, Waffen und Propaganda unterstützt wur-

[18] Henry Kissinger on Vietnam

de. Das Ziel, die Spaltung des Sudans, wurde vorläufig erreicht. Die Verwirrung der europäischen Linken manifestierte sich in diesem Konflikt einmal mehr: Ganz bestimmt war die Klassenfrage im Sudan keineswegs gelöst. Die Propaganda für die sogenannte Befreiungsbewegung SPLA (*Sudan People's Liberation Army*) tat ein Übriges und Kissingers Plan ging in diesem Fall auf.
Dieses Szenario findet seine Entsprechung an unzähligen anderen Konfliktherden des Planeten. Mit der jeweiligen Regierung unzufriedene Minderheiten werden instrumentalisiert, die Unzufriedenheit wird künstlich hoch gekocht und zwar existierende aber eigentlich einfach zu lösende gesellschaftliche Probleme werden zu Bürgerkriegen und schliesslich Abspaltungen und künstlichen Staatsgebilden eskaliert (Jugoslawien, Sudan, Irak [„Nordkurdistan“], sowie die koloniale Aufteilung der arabischen Welt und Afrikas in „Nationalstaaten“). Im Fall Syriens ist die Rechnung der Imperialisten nicht aufgegangen. Das syrische Volk, die syrische Regierung, die syrische Armee leistet gemeinsam mit ihren Verbündeten, Russland, Iran, und der *Ḥizb Allāh* (Hizbullah) erfolgreichen Widerstand.

„Hier“ und „Dort“

Diese Probleme werden in den angegriffen Ländern sehr wohl erkannt. Ein Land, dessen Regierung einen dezidiert antiimperialistischen, nationalen Kurs oder pan nationalen Kurs fährt, kann sich der Unterstützung durch die eigenen Völker gewiss sein. Das ist der Alltag in den vom Imperialismus angegriffenen oder von Imperialismus bedrohten Ländern. Nicht immer und in jedem Fall wird das Volk mit allen Entscheidungen seiner Regierung einverstanden sein – das ist vollkommen ausgeschlossen. In der Politik der Nichteinmischung, der Souveränität und der der Unabhängigkeit des Landes sind sich Regierung und Volk jedoch in jedem Fall einig.

Das ist dort so, die tägliche Betroffenheit durch die imperialistische Penetration ist die politische Schulung der Massen. Hier, im Herzen der Bestie, geniessen wir diese Schulung nicht. Hier erlauben wir uns stattdessen die Dummheit, darüber zu debattieren, ob möglicherweise der Angriff der vereinten NATO Mörderhorden gegen Libyen eine Chance für das libysche Volk bedeuten könnte, weil sie nun doch immerhin von ihrem Diktator befreit worden seien. Solche Argumente sind, so absurd sie auch tönen mögen, sind tatsächlich allen Ernstes geäussert worden. Ohne Scham, und im falschen Bewusstsein, damit aufrechtes, linkes und demokratisches Denken zu vertreten.

Deswegen nochmals zur Reflektion die folgenden Thesen:

Die Klassenfrage existiert. Global gibt es keinen einzigen Staat, der die Klassenfrage gänzlich gelöst hat

- Die Klassenfrage manifestiert sich in verschiedenen Staaten verschieden scharf. Am heftigsten spitzt sich die Klassenfrage in den Gesellschaften Europas, der USA und Israels zu, am wenigsten in den Ländern des Südens, dies vor allem deshalb weil andere gesellschaftliche und historische Traditionen vorherrschen und weil bei einem imperialistischen Angriff nicht eine Klasse sondern das ganze Volk angegriffen wird.
- Die Klassenfrage ist nicht der Hauptwiderspruch. Selbst wenn sie es wäre, müsste die europäische Linke diese Frage zuallererst dort angehen, wo sie sich am heftigsten manifestiert, in den Gesellschaften Europas, der USA und Israels.
- Der Hauptwiderspruch ist der Widerspruch zwischen Imperialismus und anti-Imperialismus.

– Jede Solidaritätsbewegung muss sich an diesem Widerspruch messen lassen.

Eine Befreiungsbewegung ist also nicht deshalb solidaritäts- und unterstützenswert, weil sie sich „Befreiungsbewegung“ nennt. Unsere Frage an sie muss sein, wie stellt sich diese Bewegung in Theorie und Praxis in den imperialistisch anti-imperialistischen Widerspruch und Kontext?
Diese Fragen, nicht bis zur Einigkeit, das wäre eine Illusion, aber bis zur Klarheit zu diskutieren, ist kein Luxus und auch keine akademische Debatte. Diese Fragen haben direkt mit unserer politischen Positionierung, mit unsrer politischen Praxis und mit unserem politischen Alltag zu tun.

Die Frage der Ökonomie

Ebenso wie in den beiden vorhergehenden Kapiteln („*Das Verhalten der europäischen Linken zwischen Verwirrung und Verrat*“ und „*Haupt- Neben- Wider- und andere und andere Sprüche*“) soll es uns auch hier um die Klärung von Positionen gehen.
Neben der Klassenfrage und der Frage zu den Befreiungsbewegungen international ist auch die Frage der Ökonomie eine höchst kontroverse Frage, die ebenso wie die beiden anderen Fragen dazu geeignet ist, den Widerstand zu spalten und zu verwirren.

Jede politische Fragestellung ist gleichzeitig eine Fragestellung nach der jeweiligen Ökonomie.
Diese schlichte Formel ist ebenso richtig wie falsch.

Selbstverständlich kann Politik und Widerstand gegen die herrschende Politik nicht gemacht werden, ohne die Ökonomie zu berücksichtigen. Wenn wir jedoch die Ökonomie als die Triebfeder der Gesellschaft akzeptieren, dann tappen wir in die kapitalistische Falle, denn wir akzeptieren den kapitalistischen Diskurs, in welchem das Primat der Ökonomie vorausgesetzt wird. Damit stehen wir beileibe nicht allein. Die Sowjetunion, nach 1918, hätte durchaus die Möglichkeit gehabt, eine eigenständige, nicht kapitalistische Ökonomie aufzubauen. Sie hat es nicht getan. Was sich in der Sowjetunion hingegen etabliert hat, das war ein staatskapitalistisches System, welches die Bevölkerung mehr oder weniger denselben Zwängen unterworfen hat, wie das konkurrierende kapitalistische System. Nun kann zwar nicht geleugnet werden, dass dass ökonomische System in der SU und in den Staaten des real existierenden Sozialismus anders, nämlich weitaus besser und menschlicher war. Trotzdem war auch dieses System auf Wettbewerb ausgerichtet, Wettbewerb nämlich mit dem eben nur scheinbar anderen kapitalistischen System. Dieser Wettbewerb manifestierte sich u.a. im „Wettlauf ums All“ (den die SU klar für sich entscheiden konnte, Juri Gagarin umkreiste als erster Mensch die Erde), aber auch im wahnwitzigen Wettrüsten, welches schliesslich wesentlich zum Zusammenbruch der SU und deren Paktstaaten beigetragen hat.
Diese Akzeptanz des Wettbewerbs, grösser, besser, schneller, mehr, ist wirklich keine Alternative. Die Lehren von Marx und Engels sind den Lehren von Adam Smith und John Maynard Keynes nicht diametral entgegengesetzt. Der Kapitalismus, die kapitalistische

Ökonomie wird von ihnen (Marx und Engels) zwar punktuell kritisiert. Trotzdem: Ökonomie ist eine Wissenschaft, eine Wissenschaft, die niemals eine wirkliche Kritik oder einen wirklichen Gegenentwurf erfahren hat. Ein Gegenentwurf wäre beispielsweise ein ökonomisches System, welches auf die Bedürfnisse der Menschen abgestimmt ist, ein System, welches sich, wissenschaftlich fundiert, jeglichem Wettbewerbsdenken verweigert und in welchem sich die Bedürfnisse der Wirtschaft dem Menschen unterordnet und nicht umgekehrt. (Siehe dazu weiter unten das Kapitel „Es gibt keine Alternative zur Alternative")
Vor der ökonomischen Frage jedoch müssen wir uns heute die ökologische Frage stellen lassen, die auf jeden Fall dringender ist: Die Trinkwasserressourcen, die Luftqualität, die Bewirtschaftung der Böden, die Energiefrage, die Abfallfrage ...
All diese wurde (und wird) auch von marxistischen ÖkonomInnen ebenso sträflich vernachlässigt wie von den ExponentInnen des Kapitalismus. Indes beharren die die marxistischen ÖkonomInnen auf den Dogmen der Lehre:
Jeder nach seinen Bedürfnissen, jeder nach seinen Fähigkeiten ist zum Beispiel so ein Dogma. Dem Wettbewerbsdenken, welches den kapitalistischen Produktionsprozess beherrscht, werde somit also eine Absage erteilt. Nur: Wie realistisch war diese Absage in der Praxis in einem System, welches sich dem Wettbewerb mit dem Kapitalismus keineswegs verweigerte?

Dies muss auf jeden Fall die Grundvoraussetzung für eine Ökonomie sein, die für sich in Anspruch nimmt, eine Alternative zu bieten: Die kategorische Verweigerung des Wettbewerbs. Die Grundbedürfnisse des Menschen müssen befriedigt werden. Lassen wir uns nicht täuschen! Ein geistig und seelisch gesunder Mensch verfügt über relativ wenig Grundbedürfnisse, die entsprechend einfach zu befriedigen sind:

- Nahrung, ausreichend Essen und Trinken
- Schlaf, die Möglichkeit zu wohnen
- Sexualität, das Bedürfnis nach menschlicher Nähe und Wärme
- Sicherheit
- Soziale Anerkennung, Entfaltungsmöglichkeiten[19]

---

[19] Nach Dr. Ali Abu al-Hashhash, Dozent Zürich, siehe http://irohn.com/

Natürlich gibt es neben diesen fünf Bedürfnissen noch unzählige andere Gelüste, die wir uns entweder selber beigebracht haben oder die uns die Konsumgesellschaft suggeriert. Sind jedoch die fünf Grundbedürfnisse befriedigt, kann von einer funktionierenden Gesellschaft ausgegangen werden.
Wie bei den vorhergehenden Kapiteln möchten wir auch hier nicht über Gebühr vereinfachen. Die Ökonomie gilt als eine der komplexesten Wissenschaften überhaupt. Aber auch hier gilt: Die Ökonomie an und für sich ist nicht so kompliziert wie sie sie dargestellt wird.

Ausgehend von den dargestellten fünf Grundbedürfnissen und unter der Prämisse, dass sich die Gesellschaft dem kapitalistischen Wettbewerb verweigert, wäre durchaus eine dem Menschen angepasste Ökonomie denkbar. Wäre sie auch machbar?
Auch hier wollen wir nicht von Bedingungen ausgehen, die nicht existieren: Wir leben in einer vom Imperialismus beherrschten Welt. Die Klassenfrage ist imperialistisch geprägt. Die Frage nach den Befreiungsbewegungen ist imperialistisch geprägt. Die Frage nach der Ökonomie ist es auch.
Es ist vollkommen ausgeschlossen, die ökonomische Frage zu stellen und dabei die Frage nach dem Imperialismus, also die Frage nach dem Krieg ausser acht zu lassen. Mittlerweile ist der Krieg zur Haupttriebfeder jeder imperialistischen Wirtschaft geworden. Uns ist keine einzige Wirtschaftslehre, auch nicht die marxistische, bekannt, welche dieser Tatsache gebührend Rechnung trägt.

Im Klartext bedeutet dies also: Eine wissenschaftliche Ökonomie, welche nicht anerkennt, dass der Krieg im Imperialismus die eigentliche Lebensader für jedes kapitalistische wirtschaftliche Leben ist, geht von falschen Voraussetzungen aus. Die Ökonomie des Imperialismus kann nicht reformiert werden, weil es sich beim Imperialismus nicht um ein Ökonomisches sondern um ein Gewaltverhältnis handelt: Ohne Krieg keine imperialistische Ökonomie mehr.
Wenn wir also eine wirklich menschliche Ökonomie etablieren wollen, dann müssen wir zuerst die bestehende unmenschliche (Welt) Wirtschaftsordnung beseitigen. Die Sowjetunion hat den Fehler gemacht, sich auf das Wettbewerbsdenken der imperialistisch geprägten Gesellschaften einzulassen. Das hätte vermieden werden können. Gleichzeitig hätte aber auch aktiv gegen Imperia-

lismus und Krieg gekämpft werden müssen. Weder das Eine noch das Andere ist geschehen, das Resultat sehen wir heute: Marxistische ÖkonomInnen, welche uns die Vorteile einer nicht kapitalistischen Ökonomie preisen. Ganz bestimmt hätten sie recht – wäre da nicht die Realität des Imperialismus, dessen erste und einzige Basis die Vorbereitung und die Durchführung des Krieges ist.

In den westlichen Industrienationen gibt es keinen einzigen Geschäftsbereich, der nicht direkt oder indirekt vom Krieg profitiert. Dies ist einerseits leicht nachprüfbar, andererseits aber noch nicht ins Bewusstsein der führenden Ökonomen und in deren Analysen vorgedrungen.

Führende marxistische Denker – zum Beispiel Ernest Mandel – haben uns einerseits brillante Analysen zum imperialistischen Krieg geliefert – anderseits haben sie sich auch tief schürfende Gedanken darüber gemacht, wie bestreikte Fabriken in den Besitz der Arbeiter übergehen sollen. Es ist nun wirklich bedauerlich, dass sie wohl über die Produktionsprozesse nachdenken und schreiben, nicht aber über die Produkte und deren letztendlichen Verwendungszweck. Für diese Produkte werden Rohstoffe benötigt, diese Rohstoffe werden in den AAA Ländern (Asien, Afrika, [Süd-] Amerika) geraubt, für diese Rohstoffe entfesselt der Imperialismus seine Kriege. Auch das kein, oder kaum ein Thema in den gängigen ökonomischen Analysen.

Mit einer Metapher gesprochen: Ist der Produzent einer Pistole weniger schuldig, als derjenige der diese Pistole abdrückt und damit mordet?

Es wurde schon oft erwähnt, dass sich der mordende, völkervernichtende Imperialismus erst nach dem Zusammenbruch der Sowjetunion voll entfalten konnte. Bestimmt ist diese Behauptung, wenn sie sich auf den militärischen Vormarsch des Imperialismus bezieht, nicht falsch. Wenn sie sich jedoch ebenso auf den wirtschaftlichen Vormarsch des Imperialismus (der natürlich von der militärischen Komponente nicht getrennt werden kann) bezieht, dann müssen wir Fragezeichen setzen. Wenn sich zum Beispiel die Führungselite der KPdSU am Wettrüsten beteiligt, dann ist das mehr als ein Betriebsunfall. Damit wollen wir keineswegs sagen, ein Arbeiter- und Bauernstaat soll sich keine starke Armee aufbauen! Wenn jedoch die Rüstung nicht mehr Mittel zum Zweck sondern zum zum Selbstzweck wird, dann ist der Unterschied zwischen kapitalistischer und sozialistischer Wirtschaft wirklich kaum mehr erkennbar.

Wenn also ein marxistisch geschulter Ökonom, eine marxistisch geschulte Ökonomin mit einer wie auch immer formulierten Analyse an uns herantritt, müssen unsere ersten Fragen lauten:
Wie verhält sich die betreffende Analyse zu den Angriffen des Imperialismus gegen den globalen Süden?
Wo werden in der Analyse die Prioritäten gesetzt? Ist die unterdrückte Arbeiterschaft in den Industrienationen die Priorität oder sind dies vielmehr die angegriffenen Völker des Südens?
Wie wird in der Analyse die Produktion für den Krieg gewichtet, welche Rolle spielen die Raubzüge des Nordens und des Westens überhaupt in der Analyse?
Die imperialistische Ökonomie manifestiert sich nicht nur an westlichen Konzernen, die mit Krieg und oft genug auch mit Hilfe von Vasallen die Rohstoffe der angegriffenen Länder plündern. Auch die ungerechte Währungspolitik und die Embargos gegen diese Länder gehören mit zur imperialistischen Ökonomie, sie sind eine Kriegswaffe des Imperialismus gegen die Völker.
Wir sehen, einfach ist das alles nicht, aber es ist auch keineswegs so komplex wie es gemacht wird. Wir alle hier in Europa (vielleicht mit Ausnahme der Länder an der Peripherie) leben im Inneren des Palastes. Wenn wir nun also ein Bewusstsein zur globalen Ungerechtigkeit entwickeln und dabei nur von den Gegebenheiten innerhalb des globalen Palastes ausgehen, dann sind wir bestenfalls zu einer Palastrevolte imstande, an den realen Machtverhältnissen ändern wir damit überhaupt nichts. Wir können davon ausgehen, dass eine globale Bourgeoisie ein globales Proletariat unterdrückt. Wir müssen uns jedoch gleichzeitig darüber klar werden, dass wir hier im Inneren der Bestie ein Teil des Problems, nämlich der der globalen Bourgeoisie und nicht ein Teil der Lösung sind. Falls also von einem Weltproletariat und von einer Weltbourgeoisie die Rede ist, dann gehören wir hier in Europa mit Sicherheit zur Weltbourgeoisie. Dies ist eine harte Erkenntnis, wer immer sie macht wird bestimmt einiges verlieren: Illusionen, Macht, Ansehen, Karriere, vielleicht sogar lieb gewonnene Freunde. Es gibt auf dem Weg dieser Erkenntnis aber auch einiges zu gewinnen, nämlich politische Klarheit, Solidarität und die Freundschaft aller vom Imperialismus unterdrückten Menschen.

… Und nochmals: Theorie ist weder abstrakt noch nutzlos

„Ich persönlich diskutiere lieber mit einem Menschen, der eine falsche Theorie hat, als mit einem, der gar keine Theorie hat“ (Professor Haluk Gerger, Politikwissenschaftler in Ankara, in einem persönlichen Gespräch mit dem Autor).

Diese Aussage eines Intellektuellen trägt bestimmt viel Wahrheit in sich. Allerdings muss dazu angemerkt werden, dass die Voraussetzung für eine fruchtbare und erkenntnisorientierte theoretische Debatte Offenheit gegenüber den Argumenten des Anderen ist, ansonsten verbleiben wir in der rein akademischen Selbstbefriedigung ohne jeden Gewinn für die politische Praxis.
Konkret bedeutet dies für uns, dass wir in der Realität kritisch und solidarisch mit dem marxistischen Theoriebild auseinandersetzen müssen. Selbstverständlich existieren nebst der marxistisch-leninistischen Theorie noch andere, wir können jedoch getrost davon ausgehen, dass für unsere politische Praxis zweifellos die Fraktion der MarxistInnen sowohl unsere engsten Verbündeten, als auch unsere erbittertsten Gegner sind.
Woher dieser scheinbare Widerspruch?
Ob jemand eine „falsche“ oder eine „richtige“ Theorie vertritt, wie es Haluk Gerger formuliert, ist natürlich keine rein objektive Betrachtungsweise. „Falsch“ ist also immer der andere, „Richtig“ bin immer ich. Voraussetzung für eine Debatte welche für beide Seiten fruchtbar und praxisorientiert ist, ist die Bereitschaft, das eigene Theoriebild in seinen sämtlichen Facetten kritisch zu hinterfragen und wo notwendig auch zu korrigieren. Wenn der Hintergrund der Diskussion ist, die „eigene“ Theorie zu verteidigen und die „andere“ zu zerstören, dann gewinnen wir nichts, dann ist jede Diskussion reine Zeitverschwendung.
Weshalb also schlagen wir eine Debatte mit VertreterInnen des Marxismus vor?
Der gemeinsame Feind, gegen den wir antreten ist das System des Imperialismus und des Kapitalismus – mit all seinen hässlichen und grässlichen Facetten wie Ausbeutung, Eurozentrismus, Rassismus, Sexismus, Faschismus und vor allem Krieg. Der Marxismus, die marxistische Bewegung weltweit versteht sich als Alternative zu Kapitalismus und Imperialismus. Das theoretische Werkzeug mit dem das System bekämpft werden soll ist das marxistisch-

leninistische Theoriegebäude mit all seinen diversen Abteilungen und Unterabteilungen. Die theoretische Debatte kam bisher kaum aus diesem Theoriegebäude heraus, weil alle der Meinung waren, (oder sind) dass es neben Marx, Engels und Lenin keine revolutionären Theorien gibt, vielleicht abgesehen von Mao Ze Dong, Ho Tschi Min, Che Guevara und anderen revolutionären Denkern, die sich aber ihrerseits wiederum in Theorie und Praxis auf Marx, Engels und Lenin berufen. Es handelt sich bei diesen und anderen also nicht um originär andere Theorien, sondern um Erweiterungen und um Ableitungen des marxistisch-leninistischen Theoriegebäudes. Dass die genannten und andere Revolutionsführer die marxistischen Theorien nicht verstanden haben, wie auch schon geäussert wurde, kann nicht sein. Wir haben es also mit einander gegenüberstehenden und ergänzenden Interpretationen von ein und derselben Theorie zu tun.

Die Theorie, die theoretische Bildung und der theoretische Hintergrund eines Menschen, bestimmt dessen politische Praxis. Wenn wir nun dazu anregen, das Theoriebild des Marxismus kritisch, selbstkritisch und offen zu betrachten und zu analysieren, dann geschieht dies vor allem im Hinblick auf unsere politische Praxis. Werfen wir nun also zuerst einen kurzen Blick auf die politische Praxis der europäischen Linken: Wie weiter oben schon mehrfach ausgeführt, ist das globale Problem unserer Zeit der Krieg und zwar nicht irgendein beliebiger Krieg, sondern die Angriffskriege des Imperialismus gegen die Völker. Sämtliche anderen Widersprüche des Systems treten vor diesem Phänomen in den Hintergrund. Wenn eine Gesellschaft – wir nennen als ein Beispiel von vielen Libyen – angegriffen wird, dann ist es die revolutionäre Pflicht jedes fortschrittlich denkenden Menschen, diesen Angriff mit allen zur Verfügung stehenden Mitteln zu verhindern. Was aber geschah in der Realität? Während des Angriffes gegen das libysche Volk massakrierten die italienischen Truppen unter Mussolini ein Drittel der damaligen Bevölkerung Libyens (!). Die Linke jener Tage hatte zu diesem Völkermord nichts zu sagen. In unseren Tagen wiederholt sich die Geschichte: Nach gezielten und gesteuerten Provokation setzten die imperialistischen Mächte, diesmal unter französischer Führung, eine sogenannte „Flugverbotszone“ durch. Durch die Bomber der NATO und der USA wurde Libyen in der Folge flächendeckend bombardiert, unzählige unschuldige Menschen wurden dadurch ermordet. Anzumerken ist dazu noch, dass der UN Sicherheitsrat wohl grünes Licht für die Flugverbotszone gab, nicht

jedoch für die Zerstörung des Landes und die Ermordung der Menschen. Einmal mehr haben wir es somit mit einer eklatanten Verletzung des Völkerrechts zu tun.
Oberst Muʿammar al-Qaḏḏāfī, der zuvor von der imperialistischen Presse als das Feindbild schlechthin dämonisiert worden war, wurde vor laufenden Kameras von einem aufgehetzten und instrumentalisierten Mob bestialisch gelyncht.

Wir können nun mit Recht und ohne zynisch zu werden, sagen, dass wir vom Imperialismus nichts anderes erwarten können als Brutalität, nackte Gewalt und verbrannte Erde. Das ist richtig. Was aber können wir von denen erwarten, die sich als „Alternative" zum System des brandschatzenden und mordenden Kapitalismus und Imperialismus verstehen? Massenproteste! Widerstand! Blockaden der imperialistischen Angriffsmaschinerie! Aufstände!
Nichts dergleichen ist geschehen, selbst die kleinsten und zaghaftesten Proteste gegen das gegen Libyen losgetretene Inferno wurden auch innerhalb der sogenannten „linken Presse" so gut es eben ging, totgeschwiegen.
Wir betonen, dass Libyen hier „nur" als ein Beispiel dient. Ebenso könnten wir den Sudan, Afghanistan, Jugoslawien, Irak oder unzählige andere Opfer eines wie auch immer gearteten imperialistischen Angriffskrieges benennen. Wenn sich diese Opfer imperialistischer Angriffe auch in manchem unterscheiden, eines haben sie doch alle gemeinsam: Das Schweigen oder gar die Zustimmung der „linken und fortschrittlichen" Kräfte in Europa und in den USA.[20]
Dies also die marxistisch-leninistische Praxis in den Zeiten des globalen Krieges gegen die Völker des Südens. Unter diesen Umständen muss die Frage nach der Theorie, welche hinter dieser Praxis steht, nicht nur erlaubt sein, sondern zwingend gestellt werden.

---

20 Ein paar wenige Parteien, Gruppierungen und Einzelpersonen, die ihre Stimmen laut gegen den Völkermord erhoben haben, sind von diesem Vorwurf ausdrücklich ausgenommen. Leider muss dazu aber auch gesagt werden, dass mit allen Mitteln versucht wird diese Stimmen zu marginalisieren.

Welche Theorie?

Der Marxismus geht von einer industrialisierten Gesellschaft aus, die Mehrwert produziert. Dieser Mehrwert wird zugunsten einer Klasse, einer anderen Klasse abgepresst. Dieses System kann nur solange funktionieren, als sich sie ausgepresste Klasse, also das Proletariat, nicht zur Wehr setzt. Die einzige Möglichkeit gerechte Verhältnisse herbeizuführen, ist also die Revolution: Der Sturz der herrschenden Klasse, die Diktatur des Proletariats, darauf folgend der Sozialismus, die klassenlose Gesellschaft und schliesslich der Kommunismus.[21]

Dieses Theoriebild, in welchem ausschliesslich das Proletariat als revolutionäres Subjekt gezeichnet wird, wurde bereits ausführlich widerlegt, unter anderem von Mao Ze Dong, Che Guevara und anderen, durchaus marxistischen, jedoch nicht dogmatischen Revolutionären. Stehen gelassen wurde jedoch weitgehend das Dogma, dass die Klassenfrage der Hauptwiderspruch aller bestehenden gesellschaftlichen Widersprüche sei. Allein die Logik verbietet uns indes dieses Dogma stehen zu lassen. Ein kolonialer oder imperialistischer Angriffskrieg hat nichts mit einer wie auch immer gearteten Klassenfrage zu tun. Weiter oben haben wir bereits ausgeführt, dass der Imperialismus eine Gesellschaft als solche und nicht eine bestimmte Klasse dieser Gesellschaft angreift. Dementsprechend müssen wir, als fortschrittlich und emanzipatorisch denkende und handelnde Menschen auch die angegriffene Gesellschaft als solche verteidigen. Salon-Sozialisten, wie zum Beispiel Jean Ziegler befürworten jedoch u.a. den imperialistischen Angriff gegen Syrien.[22] Damit machen sie sich zu Helfershelfern, und zur linken Hand der imperialistischen Mörderbanden. Ob sie dies nun in gutem Glauben oder bewusst als Kollaborateure tun, ist von sekundärer Bedeutung. Wichtig ist allein, dass sie mit Hilfe einer falschen oder mindestens

---

21 Es ist uns bewusst, dass diese Darstellung verkürzt ist und dass wir uns damit dem Vorwurf des Vulgärmarxismus aussetzen. Indes betonen wir den Diskussionsbedarf dieser Fragen.

22 Ziegler hetzt in seinen Kolumnen in der WoZ und in der Work regelmässig gegen die Regierung von Damaskus. Gegenüber dem Autor begründete er dies u.a. mit „Kommunisten, die in Assads Kerkern schmachten würden“ [sic!] Erwiesen ist demgegenüber, dass die KP Syriens seit mindestens 2011 hinter der Regierung steht und sich dezidiert gegen die Angriffe gegen Syrien ausspricht.

falsch interpretierten Theorie zum Völkermord und zur Spaltung und schliesslichen Zerschlagung des Widerstandes in den imperialistischen Metropolen beitragen. Wo waren diese Stimmen, die sich heute so sehr um die Kommunisten in den Gefängnissen von Damaskus sorgen, als die militanten KämpferInnen der RAF, der Roten Brigaden, der *Action Directe* und anderen vom System ermordet wurden? Wo bleibt ihr Aufschrei gegen die Inhaftierung und gegen die „weisse Folter[23]" angewandt gegen Genossen wie Georges Ibrahim Abdallah in Frankreich oder gegen die Gefangenen des türkischen Widerstandes, die auch in Europa in Isolationsfolter gehalten werden, um nur zwei Beispiele zu nennen?
Oft, sehr oft haben wir den Eindruck, dass der Marxismus von den GenossInnen nicht als eine zu hinterfragende und sich entwickelte Wissenschaft verstanden wird, sondern als eine Ideologie, ja schlimmer als eine Art Glaubensbekenntnis. Und ebenso wie mit jedem anderen Glaubensbekenntnis auch, kann auch mit diesem Schindluderei und Volksverdummung betrieben werden. Nur geschieht dies eben auf eine höchst perfide und klandestine Art, da ja die meisten GenossInnen darauf beharren werden, dass sie strengste AtheistInnen seien. Sieht man genauer hin, folgt jedoch das Glaubensbekenntnis auf dem Fuss: *„Die Geschichte aller bisherigen Gesellschaften ist die Geschichte von Klassenkämpfen"*.
Rhetorisch und didaktisch mag dies geschickt formuliert sein, realistisch und historisch betrachtet ist dieser Satz Nonsens: Die Geschichte der arabischen Völker beispielsweise erfuhr durch die europäischen Raubritter, die sich selbst „Kreuzritter" und ihre Raubzüge „Kreuzzüge" nannten, einen entscheidenden Einbruch, von dem sie sich bis zum heutigen Tag nicht vollständig erholt haben. Das war ein blutiger Angriffskrieg der Europäer, aber auf keinen Fall ein Klassenkampf!
Der fast vollständige Genozid an der indigenen Bevölkerung des nordamerikanischen Kontinents durch die europäischen Mörderbanden hat ebenso wenig mit Klassenkampf zu tun wie die Versklavung und Ermordung eines grossen Teils der afrikanischen

23 Unter dem Begriff **Weiße Folter** werden solche Foltermethoden zusammengefasst, die zwar in ihrer Anwendung und ihrer unmittelbaren Wirkung schwer belegbar bzw. nachweisbar sind, jedoch die Psyche oder auch den Körper des Folteropfers angreifen und mitunter dauerhaft schädigen oder zerstören. (Wikipedia)

Bevölkerung. Auch das waren Raubzüge der Europäer an anderen Völkern, kein Klassenkampf. Der Reichtum Europas und der USA basiert auf diesen Raubzügen, die bis zum heutigen Tag anhalten: „Die vitalen Interessen“ der USA werden auf den Ölfeldern von Başra und die „deutschen demokratischen Werte werden (auch) am Hindukusch verteidigt“.[24] Sind das Klassenkämpfe?

Die vom Imperialismus gespaltene Welt verlangt, dass wir die Phänomene genau betrachten und die ihnen zu Grunde liegenden Mechanismen analysieren. Wir haben erwähnt, dass eine „Befreiungsbewegung“ nicht automatisch unsere Unterstützung und Solidarität verdient, weil sie sich „Befreiungsbewegung“ nennt. Die Fragen, die wir uns hinsichtlich einer bewaffneten Bewegung stellen müssen sind im Wesentlichen die Folgenden:

- Wie steht diese Bewegung zum Imperialismus – unterstützen die imperialistischen Mächte die Bewegung?
- Gegen wen rebelliert diese Bewegung? Handelt es sich um eine vom Imperialismus unterstützte oder um eine vom Imperialismus angegriffene Regierung?
- Woher kommen die Waffen?
- Mit welchen Aktionen handelt die Bewegung? Werden Institutionen des Staates, wie Kasernen oder ausländische Militärstützpunkte angegriffen oder die Einrichtungen des Volkes wie Märkte, Schulen, Moscheen o.ä.?

Im Allgemeinen müsste es, selbst mit einer eingeschränkten, instrumentalisierten Presse, möglich sein, diese Fragen zu beantworten und so zu bestimmen, wessen Geistes Kind die fragliche Befreiungsbewegung ist.

Es ist das ureigene Interesse des Imperialismus, den Widerstand zu spalten, zu isolieren oder am besten erst gar nicht entstehen zu lassen. Wenn er sich dazu einer wie auch immer formulierten Theorie bedienen kann, dann wird er das ohne zu zögern tun. Erinnert sei an den oben erwähnten Denkanstoss von Kissinger, welcher in der Zwischenzeit ohne jeden Zweifel detaillierter und perfider angewandt wird als jemals zuvor.

Aber auch die Frage nach dem Haupt- und dem Nebenwiderspruch sei ein weiteres Mal gestellt: Kann es tatsächlich sein, dass eine

---

[24] Struck, ehemaliger deutscher Verteidigungsminister im Jahr 2001 zum völkerrechtlich illegalen Einsatz der Bundeswehr in Afghanistan.

sich fortschrittlich nennende Linke die von Europa, den USA und Israel ausgehenden Angriffskriege nicht als solche erkennt? Kann es sein, dass die flächendeckenden Bombardierungen von ganzen Ländern als zweitrangig eingestuft werden, da ja der Klassenkampf die erste Priorität zu sein hat?

Wenn dem tatsächlich so sein sollte, dann ist diese Linke tatsächlich mit einer politischen Blindheit geschlagen, die ihresgleichen sucht. Trotzdem ist diese Blindheit unsere einzige Hoffnung: Wenn diese Zusammenhänge nämlich wirklich nicht gesehen werden, dann können sie auch sichtbar gemacht werden. Nichts ist offensichtlicher als die Aggressivität und die Destruktivität des Imperialismus. Wenn es sich jedoch nicht um Unwissenheit handelt, sondern wenn im vollen Bewusstsein und wissentlich zu all dem Unrecht und zu all dem Völkermord geschwiegen wird, dann spielt es tatsächlich keine Rolle mehr, mit welcher Theorie oder Ideologie versucht wird zu „rechtfertigen" dass Raubzüge und Massaker an den Völkern des Südens angeblich nicht verhindert werden können. Dann ist die europäische Linke tatsächlich zum linken Arm des Imperialismus mutiert.

Dann allerdings stehen wir auf der anderen Seite der Barrikade.

Nationalstaaten, Nationalismus und Patriotismus

„No border, no nation!“ ist eine oft gehörte Parole der Linken an Demos. Das führt uns unweigerlich zur Frage: Wie kam es überhaupt zur Bildung von Nationen, woher kommen diese Grenzen?
Auch dies, die Nation mit ihren nationalstaatlichen Grenzen ist ursprünglich ein rein europäisches Phänomen. Die Voraussetzungen für den Nationalstaat haben sich erst im Laufe des 17. und 18. Jahrhunderts nach der bürgerlichen französischen Revolution in Europa durchwegs herausgebildet. Im Laufe des 19. Jahrhunderts entwickelten sich, geprägt vom steigenden Nationalismus in Europa, eine Reihe von Nationalstaaten. Der erste eigentliche Nationalstaat (im militarisierten Sinn dieses Namens) war jedoch Preussen. Preussen war ein „Armeestaat“ – von daher also durchaus ein Vorbild für die heutigen imperialistischen Nationalstaaten. Das machtpolitische Rückgrat Preussens war das Militär. Besonders König Friedrich Wilhelm I. (1688-1740), der den Beinamen „Soldatenkönig“ erhielt, begann mit einer umfassenden, den Staat beherrschenden Armeereform. Er führte die Wehrpflicht ein, vergrösserte die Armee und verschärfte den Drill und die Disziplin unter den Soldaten. Seine militärische Besessenheit, die Kunst und Kultur ausbluten liess, verkörperte der Aufbau einer durchmilitarisierten Gesellschaft, in der sämtliche Belange der Armee untergeordnet waren. (Auch hier wieder ein Vorbild für die heutigen europäischen und US Gesellschaften, in denen Gewaltexzesse Alltag und Gewalt- und Pornovideos „Kultur“ sind.)

Der Begriff „Nation Building“, Herausbildung eines Nationalstaates also, bezog sich allerdings ursprünglich auf die Bestrebungen junger Nationalstaaten nach dem Zweiten Weltkrieg, vornehmlich der Nationen ehemaliger afrikanischer Kolonien, die von den Kolonialmächten, ohne Berücksichtigung einer Mitsprache der jeweiligen Bevölkerung, auch ohne Berücksichtigung ethnischer oder anderer Grenzen umgeformten kolonialen Territorien neu zu gestalten und diese als „Nation“ zusammenzuhalten. Der Befreiungskampf gegen einen gemeinsamen Kolonialherren einte diese jungen Nationen.
Ganz gewiss ist der Gedanke des Nationalstaates nicht im Sinn des anti-kolonialen Widerstandes, Emanzipation und der Befreiungsbewegungen. Dennoch finden wir ausgerechnet in den Gesellschaf-

ten, die sich vom Kolonialismus befreit haben, ein ungewöhnlich hohes Mass an Patriotismus und Nationalismus. Im folgenden wollen wir versuchen, diesen Widerspruch aufzulösen.

Nationalismus bei den westlichen Neo-Kolonialisten …

Wie erwähnt, ist der Nationalismus ein Phänomen, welches erstmals in Europa auftaucht. Der Nationalismus europäischer Prägung ist rein destruktiv. Europäischer Nationalismus zersetzt beispielsweise die Solidarität der Arbeiterklasse und ersetzt diese durch einen reaktionären Nationalismus. „Ich kenne keine Parteien mehr, ich kenne nur noch Deutsche“, ist das bekannte Zitat von Wilhelm II. am Vorabend des imperialistischen Kriegs von 1914 bis 1918. Sämtliche Parteien stimmten danach für die Kriegskredite des Kaisers, einzig Karl Liebknecht wandte sich dagegen.[25]

Eben dieser Nationalismus ist typisch für Europa und natürlich in unseren Tagen auch für die USA und für Israel, zwei Gebilde, die ja im Grunde genommen weiter nichts sind als Ableger des europäischen Kolonialismus, die eine fatale Eigendynamik entwickelt haben. Wir wollen jedoch nicht verkennen, dass es auch in diesen Gesellschaften fortschrittliche und humanistische Menschen geben mag. Indes darf auch nicht verkannt werden, dass alle, restlos alle in Europa, Australien, Kanada, Neuseeland, den USA und Israel von der neo-kolonialen Ausbeutung profitieren, wenn auch in einem Verhältnis welches von einem inneren (inner-imperialistischen) Ungleichgewicht geprägt ist, wie es eben einer Klassengesellschaft entspricht. Wir verkennen also nicht, dass es auch in den genannten imperialistischen Gesellschaften unterprivilegierte Schichten gibt, die ein durchaus revolutionäres Potential in sich tragen könnten. Natürlich sind die Oligarchien bestrebt, dieses revolutionäre Potential zu unterdrücken und wo immer möglich gar nicht erst entstehen zu lassen. Der Nationalismus ist für sie in mehrfacher Hinsicht ein geeignetes Instrument:

Der breiten Masse wird vorgegaukelt innerhalb dieser Nation gäbe es eine „Einheit“, eine Einheit welche in den kapitalistischen Staaten so nicht existieren kann. Hier hat das Wort, welches Leo Trotzki zugeschrieben wird seine Berechtigung: *„Die Grenze verläuft nicht zwischen den Völkern, sondern zwischen oben und unten“*. Der Nationalismus in den kapitalistischen Gesellschaften ist ein Instrument des Klassenkampfes von oben nach unten. Die NSDAP

---

[25] https://www.marxists.org/deutsch/archiv/liebknechtk/1914/12/reichstag.htm

in Deutschland hätte ohne die Unterstützung der deutschen Kapitalisten unmöglich zur Macht aufsteigen können. Ebenso wenig könnten heutige rechtsextreme Parteien und Gruppen, gleichgültig ob sie nun inner- oder ausserhalb der Legalität agieren, ohne die Duldung und Unterstützung des Systems agieren. Wir brauchen uns lediglich die Fakten zu legalen oder halblegalen Gruppen wie PNOS, KKK, Alt-Right und ähnlichen vor Augen zu führen um dies bestätigt zu sehen.
Selbstverständlich leistet die Linke, namentlich die jugendliche Linke, Widerstand gegen diese rechten und ultrarechten Machenschaften. Dieser Widerstand ist einerseits notwendig, andererseits müssen wir diese Entwicklung auch selbstkritisch reflektieren. Wie weiter oben („Haupt- Neben- Wider- und andere Sprüche“) bereits dargelegt, sind wir darauf angewiesen, Prioritäten zu setzen. Ist nun der Widerstand gegen Nazis ein Hauptwiderspruch?
Die Frage lässt sich nicht isoliert beantworten. Wie dargestellt arbeiten Kapitalismus und damit verbunden die imperialistische Aggression gegen die Völker Hand in Hand mit den Nazis und Rechtsradikalen überall auf der Welt: Sei es in Südafrika, in den USA, in Israel oder eben in den Metropolen Europas: Rechtes und rechtsradikales Gedankengut bekommt mehr und mehr Aufwind, sei es durch „Wutbürger“, „Protestwähler“ oder sogenannt „rechtskonservative“ Parteien, die sich nicht scheuen, offen ihre rassistischen Parolen zu verbreiten. Wenn nun der Widerstand gegen diese Nazis oder gegen diese rassistischen Tendenzen lediglich Widerstand gegen diese Nazis und gegen diese rassistischen Tendenzen bleibt, dann wurde das Ziel nicht erreicht. Dieser Widerstand muss gleichzeitig auch der Widerstand gegen das System der weltweiten imperialistischen Aggression sein. Die Kapital- und Kriegsmaschinerie des Imperialismus, der Kolonialismus, der Rassismus und der Zionismus sind Synonyme, eines dieser Phänomene lässt sich nicht isoliert von den anderen bekämpfen. So bedeutet der europäische Nationalismus Herrschaft über andere, angebliche europäische Überlegenheit über andere Völker, Intoleranz und Rassismus.

… und der Nationalismus in den ehemaligen Kolonien

Der Nationalstaat, nationalstaatliche Grenzen sind nicht menschgemäss, sie sind auch nicht vom Himmel gefallen. Der arabische Raum zum Beispiel war (ebenso wie das prä-kolumbianische Amerika), über die Jahrtausende ein offenes Gebiet ohne nationalstaatliche Grenzen. Dies erlaubte die freie Zirkulation von Menschen in diesen und aus diesem Raum. So lässt sich auch der enorme wissenschaftliche Austausch und Aufschwung dieser Zeit, vor allem im arabischen Raum erklären.

Erst mit der europäischen Penetration, begonnen mit den sogenannten „Kreuzzügen und schliesslich mit dem Sykes-Picot Abkommen[26] ist das entstanden, was wir heute als „Grenzen" anerkannt haben.

Heute, über 100 Jahre nach diesem Abkommen können wir Bilanz ziehen: Es ist den Europäern gelungen, das Sykes-Picot Abkommen teilweise durchzusetzen. Die vom Abkommen betroffenen arabischen Völker zahlen dafür bis zum heutigen Tag einen enormen Blutzoll. Das Sykes-Picot Abkommen ist nur eines der ungeheuren Verbrechen des europäischen Kolonialismus, die niemals aufgearbeitet wurden. Die Nationen, die nun zum Teil als Folge des Sykes-Picot Abkommens entstanden sind – wir reden von Staaten wie Jordanien, dem Libanon, aber auch von künstlichen Grenzziehungen zwischen dem Irak und Syrien und anderen artifiziellen Grenzen – sind also keinesfalls legitim. Nehmen wir das Beispiel Syrien: Als direkte oder indirekte Folge des Sykes-Picot Abkommens hat Syrien grosse Gebiete verloren: Jordanien, den Libanon, weite Teile der Türkei, bzw. Anatoliens, Teile des Iraks gehörten unter die Einflusssphäre von Damaskus. Dazu gehören selbstverständlich

---

26 Das Sykes-Picot-Abkommen ist ein koloniales Abkommen zwischen Grossbritannien und Frankreich, dass die eroberten Gebiete des ehemaligen Osmanischen Reiches unter den Besatzern aufteilt. Das Abkommen wurde am 16. Mai 1916 geschlossen und galt als geheim und wurde durch die bolschewistischen Revolutionäre in Russland an die Öffentlichkeit gebracht. Es ist benannt nach dem Franzosen François Georges-Picot und dem Engländer Mark Sykes. Siehe auch in: Heizmann und Heizmann: „Syrien – ein Land im Widerstand", TuP-Verlag, Hamburg 2018

auch die von Israel seit 1967 illegal besetzen Höhen des Golan. Niemals hat eine syrische Regierung diese Ansprüche aufgegeben. Andererseits hat aber auch keine syrische Regierung versucht, diese Ansprüche militärisch durchzusetzen, es wurden bisher ausschliesslich politische und diplomatische Initiativen unternommen.
Syrien hat – wie alle anderen ehemaligen Kolonien auch – die zu Unrecht gezogenen künstlichen Grenzen – *um des Friedens Willen* anerkannt. Syrien beharrt jedoch darauf, seine legitimen Gebietsansprüche *mit friedlichen Mitteln* durchzusetzen und hat diese niemals aufgegeben. Immer wieder macht Syrien entsprechende Vorstösse vor der UNO, die jedoch keinen Erfolg haben, oft scheitern diese an den Veto Mächten USA, England und Frankreich im UN Sicherheitsrat. Dasselbe registrieren wir auch anderenorts, zum Beispiel in afrikanischen Ländern. Die koloniale Aufteilung der Welt wird zähneknirschend akzeptiert um Krieg zu vermeiden. Die politische Einheit dieser Regionen steht hingegen nach wie vor oben auf der Agenda dieser Länder. Selbstverständlich dürfen wir nicht ausser acht lassen, dass es auch korrupte Regierungen und Vasallen gibt, welche sich aus egoistischen Motiven heraus dem kolonialen und imperialistischen Diktat beugen und die zum Beispiel zulassen, dass westliche Konzerne die Bodenschätze des Landes rauben. Die Völker dieser Länder jedoch sind sich in den allermeisten Fällen bewusst, dass die Grenzen, welche sie oftmals von ihren eigenen Familien und Verwandten trennen, künstliche und willkürliche Grenzen sind.
Der Nationalismus, der sich im Lauf der Jahre in diesen Ländern entwickelt hat, ist auf gar keinen Fall mit dem europäischen oder US-amerikanischen zionistischen Nationalismus zu vergleichen. In den meisten Fällen entwickelte der anti-koloniale Widerstand patriotische, ja nationalistische Züge. Der Befreiungskampf in Algerien, Vietnam und anderenorts war gleichzeitig ein nationaler Befreiungskampf, dieselbe Qualität finden wir zum Beispiel auch in der irischen Revolution gegen die Briten, welche in der Ausrufung der irischen Republik 1916 gipfelte. (allerdings verblieben die sechs Grafschaften von Ulster bis zum heutigen Tag bei Grossbritannien in einem de facto kolonialen Status).
Während wir also beim Nationalismus europäischer Prägung von *Abschottung, Raub und Chauvinismus* sprechen, sprechen wir beim Nationalismus der südlichen Völker von *Öffnung und dem Streben hin zur Einheit der Völker, in der alle ihren Platz haben.*

„No border, no nation!" eine fortschrittliche Forderung?

Weiter oben haben wir dargestellt, dass eine Befreiungsbewegung nicht fortschrittlich ist, nur weil sie sich „Befreiungsbewegung" nennt. (Zum Beispiel „Freie syrische Armee", die in Tat und Wahrheit in ihrer überwiegenden Mehrheit bezahlte Söldner des Westens sind).[27] Ebenso wie die Befreiungsbewegungen müssen wir auch die Forderung nach einer Aufhebung der Grenzen und der Überwindung des Nationalismus kritisch und selbstkritisch betrachten. Während zum Beispiel in den USA eine solche Forderung im Hinblick auf die katastrophale Lage der MigrantInnen an der mexikanischen Grenze durchaus berechtigt ist, führt sie in angegriffenen Ländern wie Syrien, Afghanistan und anderen direkt ins endgültige Desaster: Offene Grenzen in den vom Imperialismus angegriffenen Gebieten sind damit vor allem für Söldnertruppen, Waffen gegen das Volk und die Ausbeutungsmechanismen des Imperialismus offen. Umgekehrt sind die Grenzen für die Menschen in den betroffenen Ländern jedoch nur bedingt oder gar nicht offen: Fachkräfte jeder Fakultät sind in jedem europäischen Land willkommen. Das einfache Volk jedoch, Bauern, Arbeiter und nur schwach Ausgebildete unterliegen einer restriktiven Migrationspolitik, die wie im Fall der Bootsflüchtlinge im Mittelmeer auch nicht vor Massenmord zurückschreckt.

Ein von Imperialismus angegriffenes Land ist nicht „nur" der militärischen Aggression der Imperialisten und deren Vasallen ausgesetzt. Wirtschaftliche Sanktionen gegen das Land gehören ebenso dazu wie das Absaugen von qualifizierten Arbeitskräften aus dem betreffenden Land. Die heute von einigen westeuropäischen Ländern zelebrierte „Willkommenskultur" ist nichts anderes eine skandalöse Heuchelei: Erst werden durch eine aggressive Handelspolitik, die nicht vor Ausbeutung, Raub und schliesslich Krieg zurückscheut, überhaupt erst die Fluchtursachen geschaffen. Die von den Europäischen Mächten praktizierte Abschottungspolitik gegenüber den Bootsflüchtlingen im Mittelmeer, kostete seit dem Jahr 2014

---

[27] Tatsächlich stimmt an der Eigenbezeichnung „Freie Syrische Armee" nichts: Sie ist nicht „Frei", weil vom Imperialismus finanziert, sie ist nicht „Syrisch", weil sie aus Söldnern besteht, aus demselben Grund, (bezahlte Söldner) ist sie auch keine Armee.

rund 20.000[28] Menschen das Leben. Dies ist eine konservative Schätzung, die weder die Dunkelziffer noch die Toten der Jahre vor 2014 berücksichtigt. Jeder einzelne dieser Menschen wurde durch die imperialistische Flüchtlingspolitik ermordet!
Oft werden lokale Diktatoren und Vasallen des Westens gehätschelt und gepflegt – denken wir an Saudi-Arabien, die anderen Öl Oligarchien und gegenwärtige oder vergangene Diktaturen in Südamerika und überall auf der Welt. „Unbotmässige" Länder, wie Libyen, Irak, Syrien oder andere hingegen werden angeklagt, angeblich die „Menschenrechte zu verletzen". So sollen die betreffenden Regierungen destabilisiert und schliesslich gestürzt werden und deren Völker erneut in Unterdrückung und Abhängigkeit versinken. Diffamierungen gegen die Regierung und die Untergrabung der eigenstaatlichen Souveränität des betroffenen Landes gehören ebenso zum Repertoire der Aggression wie die ständigen Verleumdungen und Lügenkampagnen, an die wir uns mittlerweile mit einer erschreckenden Gleichgültigkeit gewöhnt haben und die viele von uns sogar glauben.
Genau in diesem Kontext muss die Forderung „no border no nation" betrachtet werden: Wo sollen die Grenzen aufgehoben, wo soll schlussendlich die staatliche Gewalt beseitigt werden? Wird diese Forderung hier, in den Metropolen des Imperialismus gestellt, dann ist sie zwar utopisch, gleichwohl aber berechtigt. Meist aber kommt die Forderung jedoch universell daher, das heisst auch die Grenzen und Nationen der Gegner der NATO-Staaten sollen aufgelöst werden. So erhält die „fortschrittliche" Linke Westeuropas natürlich offen oder latent Unterstützung durch die Mächte, deren Gegner sie eigentlich sein sollte: So sind zum Beispiel offene Grenzen zwischen der Türkei und Syrien oder die „Auflösung" der syrischen Staatsgewalt ganz im Sinn der NATO Aggressoren. Wollen wir beim Beispiel Syrien bleiben: Die Forderungen der „radikalen Linken" unterscheiden sich, wenn es um Autonomie Bestrebungen der kurdischen Bevölkerung geht, kaum von den Forderungen der NATO Aggressoren: Der Krieg der NATO und der USA wird unter dem Vorwand „gegen den Terror" und für „die Menschenrechte" zu kämpfen geführt. Der Krieg, welche sogenannt „fortschrittliche"

---

28 Quelle: https://de.statista.com/statistik/daten/studie/892249/umfrage/im-mittelmeer-ertrunkenen-fluechtlinge/

Kräfte angeblich im Namen des kurdischen Volkes führen, läuft unter den Bannern „Autonomie, Frauenrechte, Gleichberechtigung, Revolution“. Beide jedoch zielen am Ende des Tages auf die Zerstörung des syrischen Staates ab, beide wollen in Damaskus einen Regierungswechsel herbeiführen, der von der absoluten Mehrheit des syrischen Volkes eindeutig nicht gewünscht wird. Eine „kurdische Basisdemokratie“, eine „kurdische Räterepublik“ oder wie immer sich die sogenannten Autonomiebestrebungen im Norden Syriens nennen mag vieles sein. Eines ist sie gewiss nicht: Fortschrittlich. Im Gegenteil müssen wir von einer reaktionären Bewegung ausgehen, einer Bewegung, welche den zersetzenden imperialistischen Kräften in der Region nützt und dem Einigungsprozess entgegenwirkt.

Rojava, ʿAyn al-ʿArab (Kobane) und der „kurdische Befreiungskampf“

Es kann keine Diskussion darüber geben, dass die kurdische Bevölkerung in der Türkei massiv unterdrückt wird. Ebenfalls ist es eine Tatsache, dass der türkische Staat nicht davor zurückscheut, immer wieder Massaker unter der eigenen Bevölkerung anzurichten. Dazu ist anzumerken, dass von dieser Unterdrückung, Diskriminierung und dem staatlichen Terror alle betroffen sind, die sich als Widerstand zur staatlich türkischen NATO Aggressionspolitik definieren.
Der kurdische Widerstand nimmt in diesem Kontext einen besonderen Platz ein, weil uns die Geschichte lehrt, dass sich dieser Widerstand leider relativ leicht von den imperialistischen Ideologien Instrumentalisieren lässt. Erinnert sei an die „autonomen“ Gebiete im Irak, erinnert sei aber auch an die zahllosen Wendungen in der Politik von Teilen der PKK, die sich noch immer vor allem an Abdullah Öcalan orientiert.
Die Reaktion, vor allem der in Europa lebenden KurdInen auf die Ereignisse in und um Rojava und ʿAyn al-ʿArab (Kobane) sehen wir in diesem Kontext. Andererseits wissen wir aus sicherer Quelle, nämlich von in Europa lebenden syrischen Kurdinnen und Kurden, dass sie Baššār al-Assad wählen würden, wenn sie nur die Möglichkeit dazu hätten.
Syrien als Ganzes ist ein vom westlichen Imperialismus und Israel angegriffenes Land. Anders als Irak, anders als Libyen, konnte Syrien nicht direkt angegriffen werden. Dies vor allem, weil sich Russland, Iran und die Hizbollah im Libanon auf die Seite des syrischen Staates und der syrischen Bevölkerung stellen. Als im Norden Syriens das Gebiet von Rojava und vor allem die Stadt ʿAyn al-ʿArab (Kobane) von den Todesschwadronen angegriffen wurden, leistete die dortige Bevölkerung heldenhaften Widerstand. Dieser Widerstand wurde durch die syrische Armee durch Waffenlieferungen, medizinische und logistische Hilfe unterstützt. Seit Anfang Februar 2015 gilt die Stadt als befreit.
Nationalistisch gesinnte kurdische Bewegungen vor allem in der Türkei und in Europa treiben nun das Projekt eines wie auch immer gearteten „fortschrittlichen und autonomen Rojava“ voran.
Wie auch immer diese Auseinandersetzung enden wird, sicher ist: Eine Separation der kurdischen Bevölkerung in Syrien, sei es mit einer sogenannten „Autonomie“, sei es gar durch die Gründung eines eigenen Staates kann nur im Interesse des Imperialismus lie-

gen. Die Westmächte (NATO Staaten, Israel und deren Vasallen) sind an einer Zerstückelung starker Länder in der Region sehr interessiert. Neue Teilungen verursachen neue Konflikte und Instabilität.

Die Regierung in Damaskus ist bestrebt, die Todesschwadronen, die überall in Syrien, nicht nur in dem vornehmlich von KurdInnen bewohnten Norden operieren, zu bekämpfen. Die Erfolge, die mit Unterstützung Russlands erzielt werden, sind denn auch für alle klar ersichtlich. Wir machen uns keine Illusionen: Die russische Unterstützung erfolgt aus geostrategischem Interesse. Wenn dies der Befreiung des Landes von den Todesschwadronen und der Souveränität Syriens dient, dann ist dies ein Beitrag zur Stabilisierung der Region.

Zu den Vorstellungen, dass in Rojava eine „kurdische Autonomie", (selbstverständlich fortschrittlich) entstehen soll, stellen wir einige Fragen:

- Warum soll diese kurdische Autonomie ausgerechnet auf dem Boden eines vom Imperialismus angegriffenen Landes entstehen?
- Warum nicht in der Türkei, ein NATO Mitglied, eine tragende Säule des Imperialismus in der Region?
- Warum fördert der Imperialismus diese kurdischen Autonomiebestrebungen? (Erinnert sei an die Waffenlieferungen Deutschlands, erinnert sei an die Unterstützung durch die USA).

Ohne zynisch zu werden erinnert uns das Projekt „Kurdischer Staat" fatal an das Projekt „Israel". In beiden Fällen geht es um die Gründung einer ethnisch motivierten „Heimstätte" für einen bestimmten Teil der Bevölkerung. Der Name „Kurdistan" für einen kurdischen Staat impliziert, dass dies ein Staat eben für KurdInnen sein soll. Die dort lebenden Menschen werden so in „Kurden" und „Nichtkurden" eingeteilt.

Als Israel gegründet wurde, gab es bei vielen sozialistisch denkenden Menschen die Hoffnung, dass nun im arabischen Raum eine sozialistische Gesellschaft entstehen würde. Zeitzeugen wissen davon noch zu berichten. Aus bitterer Erfahrung wissen wir, wie furchtbar sie sich getäuscht haben. All denjenigen, die sagen, die Verbindung des kurdischen Widerstandes in Rojava mit dem Imperialismus sei rein strategischer Natur, antworten wir: Der Imperialismus lässt sich nicht instrumentalisieren, der Imperialismus instrumentalisiert. Wann je wurde in der Geschichte jemals ein

Volksbefreiungskampf mit Hilfe des Kolonialismus oder des Imperialismus geführt oder gar gewonnen? Das ist ein Anachronismus!
Wir unterstützten also nicht den *„Kampf des kurdischen Volkes in Rojava um seine Unabhängigkeit“.*
Wir unterstützen den gesamtsyrischen Kampf gegen Zionismus und Imperialismus. Wir solidarisieren uns mit den Opfern der Massaker in der Türkei, unabhängig von ihrer Ethnie.
Wir meinen, es ist ein Fehler, die Kämpfe in und um Rojava aus ihrem geopolitischen Zusammenhang zu reissen und auf eine „Kurdenfrage“ zu beschränken. In seiner Schrift „Die Judenfrage“[29] kritisiert Marx (vollkommen zu Recht) die damaligen Emanzipationsbestrebungen der europäischen Juden. Er analysiert, dass die Emanzipation nur eine Emanzipation sein kann, wenn sich die Gesellschaft als solche emanzipiert. Die Emanzipation nur eines Teiles der Gesellschaft verwirft er als bürgerlich. Der Kern des Problems ist tatsächlich: Wer würde von einem, heute zum Glück nicht existierenden, Konflikt zwischen der kurdischen Bevölkerung Syriens und dem syrischen Staat profitieren? Die Antwort ist einfach: Einzig und allein diejenigen, welche mit allen Mitteln den syrischen Staat destabilisieren und schlussendlich zerstören wollen, also die USA, die NATO Staaten, die Türkei und die Öl Oligarchien.
Der Gegner ist der Imperialismus.
Der Gegner ist nicht Slobodan Milošević oder die Serbische Regierung, nicht Ṣaddām Ḥusain oder die *Ba'ṯ*-(Baath-)Partei des Iraks, nicht Mu'ammar al-Qaḏḏāfī, nicht die Regierung Libyens, nicht Baššār al-Assad, auch nicht die Regierung in Damaskus.
Der Gegner kann klar benannt werden: Europa, die NATO Staaten, auch die scheinbar „neutralen Staaten“ wie die Schweiz oder Österreich, natürlich die USA, Israel, die Türkei und in ihrem Gefolge Vasallen wie die Öl Oligarchien. Sie sind die Gegner.
Wir wissen auch: Nicht überall wo „Revolution“ drauf steht ist auch Revolution drin. Dass Teile der kurdischen Befreiungskräfte von den USA und Deutschland Waffen oder sonstige Unterstützung bekommen, halten wir für eine gefährliche Entwicklung. Die imperialistischen Mächte sind aufs höchste daran interessiert, den Widerstand zu spalten. Das syrische Volk, die syrische Armee, die syrische Regierung leistet diesen Widerstand gegen die vom Impe-

---

[29] Karl Marx/ Friedrich Engels – Werke. (Karl) Dietz Verlag, Berlin. Band 1., Berlin/DDR. 1976. S. 347-377.

rialismus eingeschleusten Todesschwadronen. Die kämpfende kurdische Bevölkerung im Norden Syriens sehen wir als einen integralen Bestandteil dieses Widerstandes. Nicht die kurdische Bevölkerung, nicht Syrien, sondern die gesamte Region wird vom Imperialismus angegriffen. Die Separation schwächt den Widerstand. Die Vereinigung der Völker gegen diese Aggressionen stärkt den antiimperialistischen Kampf.
Die Spaltung des anti-imperialistischen, des anti-kolonialen Widerstandes ist eines der Kernanliegen des Imperialismus. Ein Musterbeispiel, ein eigentliches Lehrstück dafür, wie diese Spaltung vollzogen wird, liefert uns die breite Etablierung des Zionismus, nicht nur in Palästina, sondern in den Köpfen der Menschen, vor allem in Europa.[30]

[30] Siehe dazu: Hubert Krammer, „Jenseits der Mythen: Imperialismus – Zionismus – Faschismus. Eine Quellenrecherche“, TuP-Verlag, Hamburg 2009

Zionismus

1975 war sich die UN Vollversammlung noch weitgehend einig:
Die Resolution 3379 mit dem Titel „Beseitigung aller Formen der Rassendiskriminierung“ (englisch: *Elimination of all forms of racial discrimination*) wurde am 10. November 1975 von der UN-Generalversammlung beschlossen. Sie bezeichnete den Zionismus als eine Form des Rassismus und der Rassendiskriminierung. Zudem stellte sie Israel in eine Reihe mit Südafrika und Rhodesien. (Damalige Apartheid Staaten)
Die Resolution wurde mit 72 zu 35 Stimmen bei 32 Enthaltungen angenommen. Die Ja-Stimmen stammten im Wesentlichen von den arabischen Ländern, den Ländern des Trikont sowie des Ostblocks (unter anderem der Sowjetunion und der Deutschen Demokratischen Republik). Die meisten westlichen Länder (unter anderem die USA, die Bundesrepublik Deutschland und Österreich) stimmten gegen die Resolution. Zudem boykottierten die USA die beiden ersten UN-Rassismuskonferenzen in den Jahren 1978 und 1983.
Unter anderem hiess es in der Resolution:
„Das rassistische Regime im besetzten Palästina und das rassistische Regime in Zimbabwe und Südafrika haben einen gemeinsamen imperialistischen Ursprung, bilden ein Ganzes, haben dieselbe rassistische Struktur und sind organisch in ihrer Politik verbunden, die darauf zielt, die Würde und Unversehrtheit des menschlichen Wesen zu unterdrücken.“

Karte zum Abstimmungsverhalten bei der Resolution 3379[31]

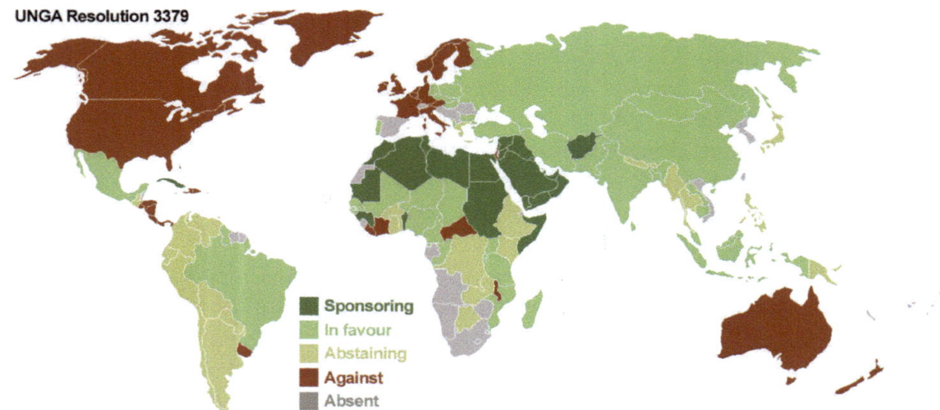

Nach dem Zusammenbruch der Sowjetunion und des Ostblocks wurde die Resolution am 16. Dezember 1991 von der UN-Generalversammlung mit 111 zu 25 Stimmen bei 13 Enthaltungen zurückgenommen (Resolution 46/86). Kein einziger arabischer Staat stimmte für die Rücknahme. Nach Verlautbarung des israelischen Außenministeriums hat Israel seine Teilnahme an der Madrider Friedenskonferenz 1991 von der Rücknahme der Resolution abhängig gemacht.

Wie wir heute wissen, nützte diese Erpressung der palästinensischen Sache nichts: Die Madrider „Friedensgespräche" blieben – ebenso wie alle anderen Versprechungen der Zionisten gegenüber dem palästinensischen Volk – reine Makulatur. Was aber ist Zionismus? War die Gleichsetzung des Zionismus mit Rassismus berechtigt?

---

31 Quelle der Karte: https://de.wikipedia.org/wiki/Resolution_3379_der_UN-Generalversammlung#/media/Datei:UNGA_3379_Map.png

Was ist Zionismus?

Es ist falsch, den Zionismus mit dem Judentum gleichzusetzen. Das Judentum ist eine Religion. Das Judentum ist etwa 4.000 Jahre alt. Seine Legenden gehen auf die Geschichte Abrahams, dem angeblichen Stammesvater der jüdischen Glaubensgemeinschaft zurück.
Im Gegensatz zum Judentum ist der Zionismus eine neue politische Ideologie europäischen Ursprungs, die nichts mit Religion oder gar mit Frömmigkeit zu tun hat. Wer immer sich heutzutage kritisch mit dem Phänomen „Zionismus" auseinandersetzt, lebt gefährlich: Die Spannweite reicht vom Vorwurf „Antisemit" zu sein, bis zur Zerstörung von Karrieren, KritikerInnen werden bedroht und in Extremfällen gar umgebracht.[32] Gleichwohl haben zahlreiche internationale AutorInnen immer wieder nachgewiesen, dass Imperialismus, Rassismus und Zionismus Unterdrückungsinstrumente von ein- und demselben System sind.[33] Nicht wenige dieser aufrechten aufklärerischen Menschen sind selbst jüdischen Glaubens oder jüdischer Herkunft.
Um zu erkennen was Zionismus ist, und ob die UN Vollversammlung vom 10. November 1975 zu Recht oder zu Unrecht Zionismus mit Rassismus gleichsetzte, lassen wir doch am Besten die Zionisten selbst zu Wort kommen. Theodor Herzl, einer der Vordenker des modernen Zionismus schreibt in seiner 1929 erschienenen Schrift „Der Judenstaat":
„Wenn Seine Majestät der Sultan uns Palästina gäbe, könnten wir uns dafür anheischig machen, die Finanzen der Türkei gänzlich zu regeln. Für Europa würden wir dort ein Stück des Walles gegen Asien bilden, wir würden den Vorpostendienst der Kultur gegen die Barbarei besorgen."[34]

Ein Kapitel in „Der Judenstaat" trägt den Titel *„Unser Menschenmaterial"*, ein anderes *„Die Landergreifung"*. Unverblümt und von Beginn an ist klar, worum es dem Zionisten Herzl geht: Um Kolo-

---

[32] Diese euphemistisch „gezielte Tötungen" genannten Morde sind zwar in Europa eher selten, im besetzten Palästina jedoch gehören diese Verbrechen zum Alltag.

[33] Zum Beispiel Karam Khella, Hubert Krammer, Norman Finkelstein, Erich Fried, Lenni Bernstein, Gilad Atzmon u.a.m.

[34] Theodor Herzl, Der Judenstaat, Manesse Verlag, Zürich

nialismus, Landraub und den anhaltenden Kampf gegen die in Palästina ansässige Bevölkerung.
Der rassistische Dictus im ganzen Werk von Herzl ist unverkennbar und lässt sich nicht weg diskutieren. Hingegen mag eingewandt werden, dies sei eben die Sprache und die Gepflogenheit der damaligen Zeit gewesen. Dann aber wäre eine Korrektur seitens der zionistischen Bewegung notwendig und zwar nicht nur eine kosmetische Korrektur auf dem Papier, sondern eine Korrektur in der Praxis. Ist das erfolgt?

Zitate

Zitate führender ZionistInnen von den Zeiten Herzls bis heute antworten uns:
„Wir müssen die Araber vertreiben, und ihre Orte übernehmen."
David Ben Gurion, future Prime Minister of Israel, 1937, Ben Gurion and the Palestine Arabs, Oxford University Press, 1985.

„Wir müssen alle Palästinenser töten bis sie sich damit abfinden hier als Sklaven zu leben."
Chairman Heilbrun of the Committee for the Re-election of General Shlomo Lahat, the mayor of Tel Aviv, October 1983.

„Wir müssen uns in einem klar sein. Es ist kein Platz in diesem Land für beide Völker. Wir werden unser Ziel nicht erreichen wenn die Araber in diesem kleinen Land sind. Es gibt keinen anderen Weg als die Araber in die Nachbarländer zu verlegen – alle. Nicht ein Dorf, nicht ein Stamm darf übrig bleiben."
Joseph Weitz, head of the Jewish Agency's Colonization Department in 1940. From „A Solution to the Refugee Problem"

„Wie sollen wir die besetzten Gebiete zurückgeben? Es gibt niemanden, dem man es zurückgeben könnte."
Golda Meir, March 8, 1969.

„So etwas wie die Palästinenser gibt es nicht, sie existierten nie."
Golda Meir, Israeli Prime Minister June 15, 1969

„Israel hätte die Unterdrückungen der Demonstrationen in China ausnützen sollen, als die Welt ihre Aufmerksamkeit auf dieses Land lenkte, und eine Massenvertreibung der Araber aus ihren Gebieten durchführen sollen."
Benyamin Netanyahu, then Israeli Deputy Foreign Minister, former Prime Minister of Israel, tells students at Bar Ilan University, From the Israeli journal Hotam, November 24, 1989.

„Jüdisches Blut und Nicht-Jüdisches Blut sind nicht dasselbe."
Israeli Rabbi Yitzhak Ginsburg, Inferring that killing isn't murder if the victim is Gentile. Jerusalem Post, June 19,1989.

Sozialer Zionismus?

Nun gut, dies sind Zitate. Rechtfertigen jedoch Zitate von einigen, möglicherweise kriminellen ZionistInnen den Zionismus als solchen als rassistisch zu verurteilen?

Das Konstrukt einer Rassenlehre, welche davon ausgeht, dass die Menschheit eben nicht eine Einheit ist, sondern aus verschiedenen, nicht gleichen Rassen bestehe, war selbst zur Zeit von Herzl, Hess und anderen Exponenten des Zionismus nicht unumstritten. Selbstverständlich wurde (und wird) diese verbrecherische Ansicht von all denen verbreitet, deren Kerngeschäft in der Spaltung der Völker und im Krieg begründet ist. Freilich wurde die Allgemeine Deklaration der Menschenrecht erst am 10. Dezember 1948 von der Generalversammlung der Vereinten Nationen genehmigt und verkündet. Deren grundlegender Satz lautet: *„Alle Menschen sind frei und gleich an Würde und Rechten geboren."* Diese universelle Wahrheit war allerdings schon lange vor der Grundlegung der Deklaration bekannt.

Der Grundsatz, dass alle Menschen gleich sind und auch gleich behandelt werden sollen, ist tief im menschlichen Bewusstsein verankert. Die imperialistische und zionistische Wissenschaft hat lange und hart gearbeitet um dieses Bewusstsein, wenn nicht zu tilgen, so doch erheblich und tragisch aufzuweichen.

Der Zionismus unterscheidet klar zwischen Juden und Nichtjuden. Gleichzeitig findet innerhalb des zionistischen Denkmusters eine Wertung statt: Juden seien wertvollere Menschen als Nichtjuden. Damit reiht sich der Zionismus nahtlos in andere rassistische Ideologien, wie zum Beispiel der Apartheid ein. Es ist daher auch kein Zufall, dass die heftigsten Verfechter des rassistisch zionistischen Staates Israel nicht unbedingt Juden bzw. jüdischen Glaubens sein müssen. Die Vereinigten Staaten von Amerika, die selbst auf dem Genozid der indigenen Bevölkerung der Amerikanas aufgebaut sind, deren nationaler Wohlstand von Heerscharen afrikanischer Sklaven erwirtschaftet wurde, und die bis zum heutigen Tag einen durch und durch rassistischen Umgang mit allen anderen Völkern pflegen (inklusive der eigenen, nicht weissen Bevölkerung) gehören zu den heftigsten Verteidigern und Befürwortern der zionistischen Apartheidpolitik.

Der Zionismus als Ideologie ist weit entfernt von jedem sozialen oder sozialistischen Gedankengut. Gleichwohl geistert noch immer die Mär eines „sozialistischen Zionismus" durch die Köpfe, vor allem in der europäischen Linken. Das System der Kibbuzim in den besetzen Gebieten Palästinas wird oft als Beleg dafür bemüht, dass innerhalb des Zionismus durchaus aus sozialistische Momente Platz hätten. Der Vergleich mit den Kolchosen sowjetischer Prägung, der auch oft gezogen wird, hinkt in mehrfacher Hinsicht:

- Die Kibbuzin wurden auf geraubtem Land erbaut, sind also ein koloniales Projekt.
- Gleichberechtigung in den Kibbuzin findet nur innerhalb der jüdischen Gemeinschaft statt; Araber werden erst gar nicht zugelassen, selbst die Volontäre aus Europa, den USA oder aus anderen Ländern haben nicht dieselben Rechte wie die im Kibbuz arbeitenden Juden, es handelt sich also klar um eine Apartheid Einrichtung.
- Desgleichen auch in der israelischen Politik: So hat Netanjahu im israelischen Parlament mit komfortabler Mehrheit ein Gesetz durchgebracht, welches „Israel als rein jüdischen Staat" definiert. Genau so wird Apartheid definiert!
- Hinzu kommen die unzähligen anderen Verbrechen des zionistischen Staates, die international kaum thematisiert und schon gar nicht geächtet werden: Israel als illegale Atommacht, die israelische Armee, welche international geächtete Waffen wie weissen Phosphor oder Streubomben gegen die Zivilbevölkerung Palästinas einsetzt, Israel als Folterstaat um nur die gravierendsten Skandale zu benennen.

Trotzdem: Wer immer es wagt diese Verbrechen des Zionistenstaates öffentlich zu benennen, läuft Gefahr als Antisemit, als Verschwörungstheoretiker oder – wenn jüdischen Glaubens oder Herkunft – als nicht ernst zu nehmender, weil „selbst hassender Jude" verunglimpft zu werden.[35]

Die meisten Zionisten sind gar keine Juden, sondern Christen, Europäer, US-Bürger u.a.am.

Während im arabischen Raum der Islam, Christentum und das Judentum seit Jahrtausenden friedlich zusammen lebten, schlug das europäische zionistische Konstrukt einen Keil in die arabische Welt. Es muss betont werden, dass das rassistische Konzept „Zionismus" aus Europa stammt. Zionismus und Antisemitismus sind

---

[35] Gemeint sind wiederum Autotoren wie Norman Finkelstein, Erich Fried, Gilad Atzmon u.a.m.

zwei Seiten ein und derselben Medaille. Nicht die Araber, sondern die Europäer haben die Vernichtung der Juden im faschistischen „Dritten Reich“ verbrochen und zu verantworten. Kommt dazu: Der Plan Palästina mittels eines Siedlerkolonialismus zu beherrschen ist älter als der Zionismus. Nazis, Imperialisten und Zionisten hatten dasselbe Ziel, nämlich die Unterwanderung und die schliessliche Beherrschung Palästinas. Die Zusammenarbeit der Nazis mit den Zionisten ist wohl dokumentiert und kann von niemanden mehr bestritten werden.[36]

Ebenso wie die Apartheid in Südafrika und dem ehemaligen Rhodesien ist auch der Zionismus eine rassistische Ideologie, welche die Menschheit überwinden muss.

---

[36] Siehe dazu u.a. Hubert Krammer, „Jenseits der Mythen“, TuP-Verlag Hamburg oder Faris Yahya „Die Zionisten und Nazi Deutschland“ ISP Verlag, Berlin

NATO

Die Gründung des Staates Israel

Zeitnah zur Gründung der NATO, am 14. Mai 1948 endete das britische Mandat über Palästina. Am gleichen Nachmittag proklamierte Ben Gurion den Staat Israel. Für die Araber ging dieser Tag als „Nakba“ – als Katastrophe – in die Geschichte ein.

Die Gründung der NATO

Am 4. April 1949 wurde in Washington die *North Atlantic Treaty Organization* (NATO) gegründet. Der aus einem zivilen und einem militärischen Teil bestehenden Allianz gehörten 10 europäische Staaten, die USA sowie Kanada an. Griechenland und die Türkei traten 1952 der NATO bei.
Die von Bundeskanzler Konrad Adenauer vorangetriebene Westintegration der Bundesrepublik gipfelte im Abschluss der Pariser Verträge, die am 5. Mai 1955 in Kraft traten. Vier Tage später wurde auch die Bundesrepublik Mitglied der NATO und begann mit dem Aufbau der Bundeswehr und der Wiederbewaffnung. Die sogenannten „Stalin-Noten“ aus dem Jahre 1952, in denen dieser vorschlug, die Einheit Deutschlands wiederherzustellen, jedoch als blockfreies, unbewaffnetes Land, wird von imperialistischen Historikern lediglich als Versuch Stalins gewertet, diese Westintegration der Bundesrepublik in die NATO zu hintertreiben. Das ist imperialistische Propaganda. Ein Deutschland ohne Armee, ein Deutschland ohne Bewaffnung und weder dem imperialistischen noch dem sozialistischen Lager zugehörig, wäre nicht nur ein Gewinn für Europa, sondern ein Schritt in Richtung Weltfrieden gewesen. Die deutsche und die nord-atlantische Politik haben dies verhindert.
„Legale“ Grundlage der NATO ist der am 4. April 1949 in Washington unterzeichnete Nordatlantikvertrag:

Der Nordatlantikvertrag

Prämabel:
Die Parteien dieses Vertrags bekräftigen erneut ihren Glauben an die Ziele und Grundsätze der Satzung der Vereinten Nationen und ihren Wunsch, mit allen Völkern und Regierungen in Frieden zu leben. Sie sind entschlossen, die Freiheit, das gemeinsame Erbe und die Zivilisation ihrer Völker, die auf den Grundsätzen der De-

mokratie, der Freiheit der Person und der Herrschaft des Rechts beruhen, zu gewährleisten. Sie sind bestrebt, die innere Festigkeit und das Wohlergehen im nord-atlantischen Gebiet zu fördern. Sie sind entschlossen, ihre Bemühungen für die gemeinsame Verteidigung und für die Erhaltung des Friedens und der Sicherheit zu vereinigen. Sie vereinbaren daher diesen Nordatlantikvertrag.

Dieser Vertrag markiert eine Zäsur: Wir registrieren hier eine offene Abspaltung von der Weltgemeinschaft. Der Nordatlantikvertrag anerkennt nur die Interessen seiner Mitglieder. Die „anderen", also der Rest der Welt, wird damit zum Abschuss freigegeben. Der […] *Wunsch, mit allen Völkern und Regierungen in Frieden zu leben* […] ist reine Heuchelei. Wer mit allen Völkern in Frieden leben will betreibt nicht eine dermassen aberwitzige Aufrüstung wie es die NATO tat und noch immer tut.

Der Warschauer Pakt

Sechs Jahre nach der Gründung der NATO, am 14. Mai 1955 wird in Warschau, Polen, der Warschauer Pakt gegründet.

Unter dem Warschauer Pakt wird ein Militärbündnis verstanden, das am 14. Mai 1955 von den acht Staaten des „Warschauer Vertrages" unter Führung der Sowjetunion gegründet wurde. Im vollen Wortlaut handelt es sich um den „Warschauer Vertrag über Freundschaft, Zusammenarbeit und gegenseitigen Beistand". Der Pakt wurde als ein regionales Verteidigungsbündnis definiert, der zwischen Albanien, Bulgarien, der DDR, Polen, Rumänien, der Sowjetunion, der Tschechoslowakei und Ungarn bestand. Die Mitgliedsstaaten waren formal gleichberechtigt, standen aber militärisch unter sowjetischem Oberkommando.

Bereits diese kurze Chronologie zeigt uns, woher die Aggression kommt: Aus den USA, aus Westeuropa und aus Israel. Die NATO wurde uns als „Verteidigungsbündnis" gegen den Warschauer Pakt verkauft. Das ist eine leicht zu durchschauende Lüge:

1. Wurde der Warschauer Pakt später als die NATO gegründet und
2. wurde der Warschauer Pakt nach den Zusammenbruch des real existierenden Sozialismus 1989 aufgelöst. Wozu also noch die NATO?

Der „zweite Weltkrieg" begann am 1. September 1939 mit dem Überfall Deutschlands auf Polen und er endete am 8. Mai 1945 mit der Kapitulation Deutschlands. So die offizielle Leseart.

Das ist eine weitere Lüge.
Vor 1939 und nach 1945 führten und führen die imperialistischen und die Kolonialmächte ihre verheerenden Kriege gegen die Völker, und zwar auf allen Kontinenten. Wie soll man das nennen, wenn nicht „Weltkrieg"? Ist ein „Weltkrieg" nur dann ein „Weltkrieg" wenn er auf europäischem Boden ausgefochten wird? Kolonialismus ist nicht irgendein romantisches Verhältnis, in dem sich ein netter, überlegener Europäer in kurzen Hosen und mit einem Tropenhelm auf dem Kopf von ein paar afrikanischen Menschen bedienen und sich in einer Sänfte herum tragen lässt. Kolonialismus ist Völkermord, Plünderung und entsetzliche Verbrechen, welche bis zum heutigen nicht aufgearbeitet wurden.
Es ist klar, dass sich dieses Gewaltverhältnis Kolonialismus nur militärisch durchsetzen liess. Diese Aggressionen der Kolonialmächte, später auch der USA wurden niemals beendet. Die Chronologien 1. Weltkrieg, 2. Weltkrieg und die Angst vor einem 3. Weltkrieg sind Propaganda, im besten Fall Ignoranz gegenüber der Geschichte. Die von Kolonialismus und Imperialismus heimgesuchten Völker in Asien, Afrika, (Süd) Amerika und der arabischen Welt kannten weder vor dem 1. September 1939 noch nach dem 8. Mai 1945 keinen einzigen Tag des Friedens. Angriffe, Ausbeutung, Sklaverei, Völkermord, aber auch der Widerstand dagegen gehören für diese Völker zu ihrem Alltag. Schon bald erkannten die europäischen Raubritter, dass sie sich vereinigen mussten, wenn sie ihre Angriffe gegen die Völker starteten. Trotz einiger Kriege von imperialistischen Mächten gegen andere imperialistische Mächte können wir davon ausgehen, dass grössere innerimperialistische Konflikte wann immer möglich vermieden wurden und vermieden werden – Frieden, das ist nur für die imperialistischen Kernländer, und auch dort nur bedingt.
Vor diesem historischen Hintergrund müssen wir die Gründung der NATO sehen.
Die Oktoberrevolution gegen den russischen Zaren und die darauf folgende Gründung der Sowjetunion markierte einen Wendepunkt. Wie immer in der Geschichte ist nichts voraus bestimmt. Alles was auf eine bestimmte Art geschehen ist, hätte auch ganz anders geschehen können. So wäre es also durchaus möglich gewesen, dass der Funke, der sich im zaristisch-imperialistischen Russland entzündete, auf die übrigen imperialistischen Staaten hätte überspringen können. Das ist nicht geschehen. Es ist hier nicht der Platz um

diese imperialistische Entwicklung gebührend zu analysieren, deswegen nur soviel:
Der Imperialismus ist ein Gewaltverhältnis, Frieden und Imperialismus schliessen sich gegenseitig aus. Selbstverständlich hat der Imperialismus auch ökonomische Wurzeln; wir müssen uns jedoch davor hüten, die Ökonomie als *die* Wurzel des Imperialismus zu sehen. (Wenn das so wäre, dann wären friedliche Handelsbeziehungen, sowohl zwischen Menschen als auch zwischen Staaten gar nicht möglich).
Die Sowjetunion und mit ihr der real existierende Sozialismus waren bestimmt nicht die kommunistische Utopie von der wir träumen. Trotzdem war das System, verglichen mit dem konkurrierenden kapitalistisch-imperialistischen System weitaus menschenwürdiger und dem Menschen und seinen Bedürfnissen entsprechender. Wie nicht anders zu erwarten begegneten die imperialistischen Mächte der neuen „Konkurrenz“ aus dem Osten von Beginn an mit äusserster Feindseligkeit. Auch das hätte nicht sein müssen. Eine friedliche Koexistenz, wie sie damals auch von vielen Seiten propagiert wurde, wäre eine Möglichkeit gewesen, zwei Gesellschaftssysteme nebeneinander existieren zu lassen. Ohne Krieg, ohne Aggression und ohne Wettrüsten hätte es einzig eine Konkurrenz zwischen zwei einander widersprechenden Systemen gegeben und das dem Menschen entsprechende, das heisst das bessere System wäre aus diesem Konkurrenzkampf siegreich hervorgegangen.
Der Imperialismus mit seinem Absolutismus und mit seinen hegemonialen Ansprüchen kann jedoch eine friedliche Koexistenz – egal mit welchem System – nicht zulassen. Die imperialistische Ideologie orientiert sich am Prinzip des *„teile und herrsche*“, keinesfalls am Prinzip der Emanzipation oder gar des Friedens. Die imperialistische Ideologie geht im wahrsten Sinne des Wortes über Leichen. Die europäischen Kolonisten scheuten nicht davor zurück ganze Völker zu ermorden, zu versklaven und bestialisch zu foltern um deren Reichtümer rauben zu können. Ein Dialog oder der Aufbau einer friedlichen wirtschaftlichen Beziehung kam für die Europäer niemals in Frage. Stattdessen brandschatzten und raubten sie, wobei sie diese Verbrechen bis zum heutigen Tag mit übelsten rassistischen Scheinargumenten „rechtfertigen“. Ebenso wenig war ein Dialog oder eine Auseinandersetzung auf politischer oder diplomatischer Ebene mit dem neu aufgetauchten Phänomen Kommunismus / Sozialismus für die imperialistischen Strategen eine Option. Stattdessen wurde auf Aggression und Krieg hin gearbeitet, diese

durch und durch destruktive Politik wurde der eigenen Bevölkerung mit Worten wie „Abschreckung“ und „Gleichgewicht des Schreckens“ schmackhaft gemacht.

Die Gründung des Staates Israel, welche im Mai 1948 proklamiert wurde, war keineswegs eine Antwort auf die massenhafte Ermordung der jüdischen Bevölkerung durch die Nazis. Allein schon die Tatsache, dass lange vor den Nazis Pläne von einer militärischen Bastion in Palästina in den Köpfen der imperialistischen Denker von Napoleon bis Disraeli herumspukten, widerlegt den Mythos von einer lange erwarteten „Heimstätte für das jüdische Volk“. Mit der Staatsgründung Israels ging ein Aufschrei durch die Völker; niemand wollte einen Staat, der ausschliesslich einer bestimmten Gruppe, also den Juden, vorbehalten war. Dies um so mehr, als wie oben dargelegt, „Juden“ und „Zionisten“ keineswegs identisch sein müssen. Dieses zionistisch-rassistische Konzept wurde durchschaut und konnte nur Dank der militärischen Vorherrschaft der Europäer, vor allem Englands und Frankreichs, durchgesetzt werden. Ausserdem konnte der UN-Teilungsplan für Palästina vor der UNO Vollversammlung nur deshalb durchgesetzt werden, weil damals (29. November 1947) viele Länder des Südens gar kein Stimmrecht innerhalb der UNO hatten, da sie noch unter kolonialer Herrschaft standen.
Es ist kein Zufall, dass relativ kurz nach der Staatsgründung Israels die Gründung der NATO erfolgte.

4. April 1949: Gründung der NATO in Washington: Zehn westeuropäische Staaten (Großbritannien, Frankreich, Niederlande, Belgien, Italien, Dänemark, Luxemburg, Norwegen, Island und Portugal) *gründen gemeinsam mit den USA und Kanada ein Bündnis zur politischen und militärischen Verteidigung. Aufgabe des Bündnisses ist die Verteidigung des Bündnisterritoriums gegenüber der Sowjetunion und dem Warschauer Pakt.*[37]
Genau so haben wir das alle gelernt und genau so stimmt es nicht! Die Aufgabe der NATO war niemals die Verteidigung ihres Territoriums gegenüber der Sowjetunion und schon gar nicht gegenüber dem Warschauer Pakt. Dies ist schlicht nicht möglich, wurde doch

---

[37] https://www.bpb.de/politik/hintergrund-aktuell/126264/4-april-1949-gruendung-der-nato-03-04-2012

der Warschauer Pakt erst am 14. Mai 1955, also sechs Jahre nach Gründung der NATO in Warschau gegründet und zwar als Antwort auf die NATO.

1955: die Pariser Verträge ermöglichen die Aufnahme der Bundesrepublik Deutschland in die NATO.

Diese Aufnahme der BRD in die NATO war ebenso umstritten wie die Wiederbewaffnung Deutschlands. Nach den Plänen der Sowjetunion hätte Deutschland nicht geteilt werden sollen. Zur Erinnerung: Das sowjetische Volk litt wahrscheinlich am meisten unter den Angriffskriegen der Nazis: 28 Millionen Opfer beklagt das sowjetische / russische Volk in diesem Krieg! Anstelle von 2 deutschen Staaten hätte es ein auf Dauer entmilitarisiertes Deutschland gegeben. Die Westmächte widersetzten sich diesem Plan. Mittlerweile, über 60 Jahre nach dem 2. Weltkrieg, ist Deutschland nicht nur wiederbewaffnet, sondern einer der Hauptakteure wenn es um die Angriffskriege der NATO geht. Nach dem Fall der Berliner Mauer im Jahr 1989 und der darauf folgenden Auflösung des Warschauer Paktes im Folgejahr wäre nun eigentlich der Weg für einen nachhaltigen Frieden, nicht nur in Europa, sondern weltweit frei gewesen, eine logische Folge davon hätte die Auflösung der NATO sein müssen.
Während des KSZE-Gipfeltreffens vom 19. bis 21. November 1990 in Paris gaben die Staaten der Warschauer Vertragsorganisation und der NATO eine Gemeinsame Erklärung ab, in der sie ihre frühere Verpflichtung zum Nichtangriff bekräftigen. Sie definieren sich gegenseitig nicht mehr als Gegner, sondern als Partner, die gewillt sind „einander die Hand zur Freundschaft zu reichen“. Die Erklärung schloss sich an den im März 1989 in Wien ausgehandelten KSE-Vertrag an. (Vertrag über Konventionelle Streitkräfte in Europa). Auf der Konferenz wurde auch die Charta von Paris unterzeichnet, ein grundlegendes internationales Abkommen über die Schaffung einer neuen friedlichen Ordnung in Europa nach der Wiedervereinigung Deutschlands und der Einstellung der Ost-West-Konfrontation.
Wer auch immer Hoffnung auf diese in Paris und Wien skizzierte friedliche Entwicklung hatte, sah sich schon bald enttäuscht. Die sogenannte „NATO Osterweiterung“ begann im Jahr 1999 mit dem Beitritt Polens, Tschechiens und Ungarns in die NATO. Mit der Auflösung des Warschauer Paktes und dem Umbau der Sowjetuni-

on in eine staatskapitalistische Gesellschaft waren die Gegner, welche die Existenz der NATO überhaupt erst rechtfertigen sollten, verschwunden. Mit den Anschlägen des 11. September 2001 in New York, welche bis heute weder aufgeklärt noch aufgearbeitet sind, gab sich die NATO mit dem „Kampf gegen den Terror", den die USA einseitig ausriefen eine neue „Legitimation". Erstmals in ihrer Geschichte ruft die NATO den Bündnisfall aus. Bündnisfall bedeutet ein Angriff gegen ein NATO Mitglied, wird als Angriff gegen alle NATO Mitglieder betrachtet und dementsprechend beantwortet. Nun sind aber die Ereignisse des 11. September 2001 wie bereits erwähnt keineswegs aufgearbeitet. Nichtsdestotrotz bombardiert die NATO seit 2001 Afghanistan und andere Länder unter dem Vorwand „Krieg gegen den Terror" zu führen. Hier muss klar gesagt werden, dass die NATO und die mit ihr verbündeten Militärmächte selbst den Terror verbreiten. Wobei das Wort „Terror" nur unzulänglich beschreibt was die NATO im „Namen des Friedens und der Demokratie" anrichtet: Mord an tausenden Zivilisten, unwiederbringliche Zerstörung von Kulturgütern, verbrannte Erde und eine noch nie da gewesene ökologische Zerstörung. Ohne nennenswerte Proteste dehnt sich die NATO weiter aus.

2004: In Rahmen des Programms „Partnership for Peace" treten sieben weitere Staaten bei – Bulgarien, Estland, Lettland, Litauen, Rumänien, die Slowakei und Slowenien.
Die sogenannte „Osterweiterung" der NATO ist damit keineswegs beendet. Mittlerweile rücken die NATO Verbände nah an die Grenzen der Ukraine und beschuldigen in bekannter Manier, Russland habe „die Krim annektiert und damit einen Konflikt ausgelöst".

Damit bestätigt sich einmal mehr, was die NATO immer war und bis heute ist: Der bewaffnete Arm des Imperialismus, eine reine Angriffsarmee, welche abgeschafft werden muss!
Es ist indes jedoch nicht allein die NATO, bzw. die direkte bewaffnete Aggression welche die Völker bedroht und ermordet. Ein anderes Instrument, mit welchem der Imperialismus versucht seine verbrecherischen Pläne umzusetzen, sind Embargos.

Embargos, Sanktionen, Boykott

Embargos, Sanktionen und Boykott sind ein verbrecherischer, gleichwohl ein integraler Bestandteil der imperialistischen Politik.
Wir zitieren wir aus der Charta der Vereinten Nationen aus dem Kapitel 1, den Artikel 2, Absatz 4, es handelt sich dabei um das sogenannte Gewaltverbot:
„Alle Mitglieder unterlassen in ihren internationalen Beziehungen jede gegen die territoriale Unversehrtheit oder die politische Unabhängigkeit eines Staates gerichtete oder sonst mit den Zielen der Vereinten Nationen unvereinbare Androhung oder Anwendung von Gewalt.“[38]

Wir wissen alle, dass dieses Gewaltverbot missachtet wird. Es sind die NATO Staaten, die USA und Israel, vielleicht auch Vasallenstaaten der Genannten, die das Gewaltverbot der UNO missachten. Missachtet wird dieses Gewaltverbot indes nicht nur durch die militärischen Angriffe. Auch Embargos und Sanktion bedeuten für die betroffenen Bevölkerungen Hunger, Elend oft genug auch den Tod. Uns ist kein Land aus Afrika, Asien oder Südamerika bekannt, das jemals zum Mittel des Embargos, der Sanktionen oder des Boykottes gegriffen hätte.
Blockaden, Embargos, Sanktionen, das Vorenthalten lebenswichtiger Güter für die Bevölkerung sind Phänomene, die es wahrscheinlich gibt, seit es Angriffskriege gibt. Allerdings gibt es auch den, immer wieder erfolgreichen, Widerstand gegen diese Verbrechen.
Eines der bekanntesten Beispiele dafür geht auf die Jahre 1845-1849 zurück. Damals wütete in dem von den Briten besetzten Irland die grosse Hungersnot, „the great famine“.
Der damalige Sultan des Osmanischen Reiches Abdülmecid I. erfuhr von der Hungersnot und dem Leiden in Irland. Prompt bot er dem britischen Botschafter in Istanbul eine großzügige Geldspende an. Abdülmecid erklärte sich bereit 10.000 englische Pfund zu spenden. Königin Victoria hatte bis anhin nur knapp 2.000 englische Pfund gesprochen. Die Spende von Abdülmecid wäre also „ein Affront“ gegenüber Königin Victoria gewesen. Ohnehin gibt es Stimmen, welche den „great famine“ als einen kriegerischen Akt gegen die irische Bevölkerung bezeichnen. Die Briten hatten den

[38] https://www.unric.org/de/charta

Iren Saatgut geliefert, welches mit dem Kartoffelkäfer verseucht war. Victoria zwang schließlich Abdulmecid seine Hilfe auf 1.000 Pfund zu reduzieren.
Im weiteren Verlauf der großen Hungersnot startete das Osmanische Reich eine regelrechte Hilfsexpedition und das trotz einer Seeblockade Grossbritanniens. Die Osmanen entsandten mehrere Flotten mit Lebensmitteln und Rohstoffen nach Irland. Alle Schiffe wurden hauptsächlich an der irischen Hafenstadt Drogheda gelöscht, da die Briten den Hafen von Dublin blockierten. Quellen für diese Hilfe sind u.a. mehrere Briefe und Texte aus dem Jahre 1847, in dem sich unter anderem die Iren beim Sultan für seine Solidarität bedanken. Als Geste und als Erinnerung hat die Stadt Drogheda den osmanischen Halbmond und einen Stern im Wappen.

Das Aushungern der Bevölkerung durch Blockaden, Embargos und das systematisches Vorenthalten von lebenswichtigen Gütern sind typische Kriegswaffen des Kolonialismus und später des Imperialismus.
Auch heute findet dieses heimtückische Mittel der Kriegsführung breite Anwendung. Später werden wir von Ländern, die davon betroffen sind hören. Wir werden auch von Gegenmaßnahmen und von der Süd-Süd Kooperation hören. Heute werden so gut wie ausschliesslich Völker mit staatlichen Embargos und Sanktionen belegt, deren Regierungen nicht oder nicht vollständig im Sinn der imperialistischen Herrschaft handeln. Daher erst mal eine kurze Begriffsklärung[39]:
1. eine Regierungsanordnung, die das Auslaufen von Handelsschiffen aus ihren Häfen verbietet.
2. ein gesetzliches Verbot des Handels, ein Handelsembargo
3. Stillstand, Behinderung insbesondere: Verbot. [...]
4. eine Anordnung eines gemeinsamen Beförderers oder einer öffentlichen Regulierungsbehörde, die den Güterverkehr verbietet oder einschränkt.

Dieselbe Quelle definiert Sanktionen wie folgt: [...]
1. Nachteil, Verlust der Belohnung oder Zwangsintervention im Zusammenhang mit einem Verstoß gegen ein Gesetz als Mittel zur Durchsetzung des Gesetzes.

---

39 Definition des Embargos gemäss dem *Merriam Webster Dictionary*

2. eine wirtschaftliche oder militärische Zwangsmaßnahme, die in der Regel von mehreren Nationen gemeinsam beschlossen wird, um eine völkerrechtsverletzende Nation zu zwingen, aufzugeben oder nachzugeben.

… Und Boykott, wiederum gemäss dem *Merriam Webster Dictionary* ist

> *... Eine konzertierte Weigerung, mit einer Person, einem Geschäft, einer Organisation, einem Staat usw. in Kontakt zu treten, um in der Regel Ablehnung zum Ausdruck zu bringen oder die Annahme bestimmter Bedingungen zu erzwingen.*

Verglichen mit anderen, natürlich auch bürgerlichen Lexika ist das Merriam Webster Dictionary noch relativ objektiv. Beachte Trotzdem: Die politische Brisanz der Begriffe – Embargo, Sanktionen und Boykott – wird auch hier weitgehend aussen vor gelassen, ja eigentlich tunlichst gemieden.

Versuchen wir also selbst die Embargos und Sanktionen politisch zu würdigen: Wie wir gehört haben, hat Königin Victoria das irische Volk mit einem Embargo belegt und sie scheute dabei nicht davor zurück, dieses Volk in seiner Gesamtheit dem Hungertod auszusetzen. Sie tat dies weil sie in Irland, welches die britische Krone anmaßend für sich beanspruchte, Aufstände befürchtete. Die Haltung Victorias und ihrer Regierung war also klar: Lasst das irische Volk verrecken, solange wir dadurch in Irland an der Macht bleiben ist das schon in Ordnung. Dieses Verbrechen wird heute, im Licht der Geschichte, von kaum jemanden bestritten, Königin Victoria und ihre damalige Politik werden von der integren Geschichtsschreibung verurteilt. All dies ist mittlerweile fast 200 Jahre her, Königin Victoria und ihre Politik zu verurteilen ist also wohlfeil, es kostet nichts.

Wir erkennen jedoch unschwer, dass die heutige Politik gegenüber allen Ländern, die den US/NATO/EU und Zionismus Diktaten nicht hörig sind, einer ebenso katastrophalen und verbrecherischen Linie folgt, wie ehemals Victoria: Die heutigen Sanktionen und Embargos des Imperialismus sind sogar meist sehr viel mörderischer als die Verbrechen die in der Vergangenheit verübt wurden.

Embargos und Sanktionen sind ein Mittel des Krieges und ebenso wie die Kriege selbst wird auch hier versucht, die Verbrechen unter dem Deckel zu halten und sie schön zu reden. Als Ägypten 1882 von England angegriffen wurde, nannte man das allgemein „ruin of

Egypt". So etwas wäre heute undenkbar. Heute belegen die Aggressoren ihre Raubzüge mit schönfärberischen Namen wie *„restore hope"* und versuchen sich dadurch einerseits der Kritik zu entziehen und andererseits ihre Aggressionszüge publizistisch zu schönen. Analog zu den Angriffskriegen, die angeblich nur noch „für Menschenrechte" und für „die Demokratie" geführt werden, werden Embargos und Sanktionen über die Völker verhängt, auch diese Unmenschlichkeiten werden im Namen der Menschlichkeit und der Demokratie verübt.
Dabei unterscheiden wir zwischen Embargos und Sanktionen, welche von Gemeinschaften wie der EU oder der UNO verhängt werden und zwischen Sanktionen welche einzelne Staaten, meist die USA, unilateral verhängen. Sowohl die Sanktionen die von der UNO und der EU verhängt werden, als auch die unilateral beschlossenen Sanktionen sind, vielleicht nicht in einem juristischen Sinn, ganz bestimmt aber in einem moralischen und menschlichen Sinn Unrecht. Gleichwohl gibt es Unterschiede:

Zu den Massnahmen der UNO:
Was sagt uns die Webseite des UN Sicherheitsrates dazu?
„Die Anwendung zwingender Sanktionen soll Druck auf einen Staat oder eine Einrichtung ausüben, die vom Sicherheitsrat festgelegten Ziele zu erreichen, ohne auf Gewaltanwendung zurückzugreifen. Sanktionen bieten dem Sicherheitsrat damit ein wichtiges Instrument zur Durchsetzung seiner Entscheidungen."[40]
Soweit zur Theorie, die – wie das eingangs zitierte Gewaltverbot euphemistisch ist, denn die Praxis sieht aus mehreren Gründen ganz anders aus:
Sanktionen können nur vom Sicherheitsrat verhängt werden, nicht jedoch von der UN-Vollversammlung. Der Sicherheitsrat verfügt dabei über eine grosse Entscheidungsautorität: er allein kann entscheiden, wer (Staat, Gruppen, Individuen oder Einrichtungen) sanktioniert werden soll, welche Arten von Rohstoffen, Waren oder Dienstleistungen von den Sanktionen betroffen sein sollen und wie lange die Sanktionen andauern sollen. Darüber hinaus ist es dem Rat gestattet, den UN-Mitgliedern jeglichen Kontakt mit dem Sanktionsadressaten zu untersagen. Die Einhaltung sämtlicher Sankti-

[40] https://www.unric.org/de/aufbau-der-uno/88

onsmaßnahmen liegt jedoch in der Verantwortung jedes einzelnen Mitgliedsstaates.

Das „wichtige Instrument zur Durchsetzung der Entscheidungen des UN Sicherheitsrates“ kommt – so zeigt die Realität – ausschliesslich gegen Staaten zur Anwendung, die sich dem imperialistischen Diktat widersetzen. Andere, populärstes Beispiel ist Israel, können getrost unzählige UN Beschlüsse missachten, ohne deshalb Sanktionen fürchten zu müssen.

Embargos und Sanktionen sind also nicht Mittel um das Recht, oder das Völkerrecht durchzusetzen, sondern Mittel mit denen eine bestimmte Staatengruppe, die USA, die EU Staaten und deren Vasallen ihre Ziele durchzusetzen versuchen. Embargos und Sanktionen setzen also nicht Völkerrecht durch, im Gegenteil, sie verletzen Völkerrecht: Wann immer Embargos und Sanktionen zur Anwendung kommen, leiden darunter in erster Linie die davon betroffenen Völker. Dies kann – wie im Fall des Irak – zum Tod von einer halben Million Kinder führen. Eine halbe Million durch das Embargo ermordete Kinder! Dies ist eine konservative Schätzung und die damalige Außenministerin der USA, Madeleine Albright sagte, als sie danach gefragte wurde, wörtlich: *„Ich denke, der Preis war hoch, aber ja ich glaube es war es wert“.*

Genau das ist die imperialistische Mentalität, die hinter der Embargo- und Sanktionspolitik steht: Für ihre Ziele gehen die VertreterInnen des Imperialismus buchstäblich über Leichen.

Juristisch sind die Sanktionen mindestens umstritten. Zwar sind von der UNO oder der EU beschlossene Sanktionen und Embargos für deren Mitgliedsstaaten bindend, d.h. sie müssen mit vollzogen werden. Die Art und Weise jedoch, wer Sanktionen unterworfen wird, und vor allem auch wie diese Beschlüsse zustande kommen, gibt immer wieder Anlass zu Diskussionen.

Was die von Sanktionen betroffenen Länder oftmals am Leben erhält sind, den Drohgebärden zum Trotz, andere, solidarische Länder, die sich nicht an die Bestimmungen der Sanktionen halten. Die Süd-Süd Kooperation der Länder spielt hierbei eine enorm wichtige Rolle. Es ist offensichtlich, dass ein Embargo geschwächt werden kann, wenn es von vielen Ländern unterlaufen wird, im besten Fall wird es völlig unwirksam.

Oftmals sind Sanktionen für die betroffene Bevölkerung ebenso gravierend wie der Krieg selbst. Sogenannte „dual use“ Produkte, also Produkte, die sowohl zivil als auch militärisch genutzt werden können, fallen immer unter das Embargo. Bestimmte Chemikalien,

zum Beispiel Chlor fallen unter die „dual use“ Bestimmung. Als Folge davon kann Trinkwasser nicht mehr aufbereitet werden, Seuchen breiten sich aus und Menschen sterben. Medizinische Geräte wie Röntgenapparate o.ä. fallen ebenso unter das Embargo wie pharmazeutische Produkte zum Beispiel Impfstoffe auch dadurch sterben Menschen.
Dies wurde natürlich schon längst erkannt und auch kritisiert. Als Antwort auf diese Kritik werden nun sogenannte „smart sanctions“, also „gezielte Sanktionen“ propagiert. Das Schweizerische Staatssekretariat für Wirtschaft (SECO) erklärt „smart sanctions“ wie folgt:
Gezielte Sanktionen richten sich gegen einzelne Personen, Unternehmen und Organisationen oder beschränken den Handel mit bestimmten Schlüsselgütern. Die folgenden Instrumente können zum Einsatz gelangen:
- Finanzsanktionen (Einfrieren von Geldern und anderen Vermögenswerten, Transaktionsverbot, Investitionsbeschränkungen)
- Restriktionen des Handels mit bestimmten Gütern (z. B. Diamanten, Holz, Öl, Waffen) oder Dienstleistungen
- Reiserestriktionen
- Diplomatische Einschränkungen
- Kulturelle und sportliche Restriktionen
- Flugverkehrsbeschränkungen

Dies ist ein leicht zu durchschauender Etikettenschwindel, denn auch hier fallen Produkte des „dual use“ *(„Holz, Öl, nicht definierte Dienstleistungen, usw.*) unter das Embargo.
Die juristische Würdigung der UNO und EU Sanktionen ist keineswegs klar. Wir werden kompetente Völkerrechts ExpertInnen finden, welche in Gutachten die Embargo Politik juristisch verurteilen. Durch die dehnbaren, oftmals einander widersprechenden Artikel der UN Charta finden sich jedoch zweifellos auch ExpertInnen, welche diese Verbrechen rechtfertigen werden.

EU Sanktionen und Embargos

Die Europäische Union vollzieht die UNO Embargos und Sanktionen in aller Regel mit. Darüber hinaus kann die EU aber auch Sanktionen, Embargos und Boykotte selbst beschliessen und vollziehen, ohne dass darüber ein Beschluss des UN Sicherheitsrates gefällt wurde. So geschehen zum Beispiel mit Russland infolge der Krim

Krise, welche von den westlichen Medien durchwegs und fälschlicherweise als „Annexion der Krim“ bezeichnet wird.
Ebenso wie die UNO beruft sich auch die EU bei ihrer Sanktionspolitik darauf, dass universelle Werte wie die Menschenrechte eingehalten werden sollen und dass solches mit Sanktionen durchgesetzt werden soll. Was bei UNO Embargos und Sanktionen falsch ist und den Menschen schadet ist es ebenso bei den EU Sanktionen. Ebenso wie Sanktionen der UNO oder die unilateralen Massnahmen sind auch die EU Massnahmen ein reines Herrschaftsinstrument, mit dem die Hegemonialinteressen der EU durchgesetzt werden sollen. In keinem einzigen Fall haben Sanktionen, seien es UNO Sanktionen, EU Sanktionen oder unilaterale Sanktionen ein positives Resultat erbracht.

Zu den unilateralen Massnahmen (so gut wie immer USA)
Wenn wir davon ausgehen, dass die allermeisten Sanktionen, welche von der UNO oder von der EU vollstreckt werden, parteiisch und ungerecht sind, dann können wir bei den unilateralen Sanktionen davon ausgehen, dass sie immer und in jedem Fall parteiisch und ungerecht sind. Das ist nicht mehr als logisch: Unilaterale Sanktionen werden von einem Land, in der Regel von den USA verhängt. Es liegt auf der Hand, dass die USA immer dann zum Mittel der Sanktionen und Embargos greifen, wenn sie meinen, dass dies ihren Interessen dient. Keinesfalls bezwecken wie damit etwas „Gutes“ oder etwas „Gerechtes“. Von den USA beschlossene Sanktionen und Embargos dienen allein den USA. Vor allem mit ihrer Militärmacht, aber auch durch wirtschaftliche Erpressung zwingen die USA andere Länder dazu, ihre unilateralen Sanktionen, populärstes Beispiel dafür ist Kuba, nachzuvollziehen.
Wie aber kommt es zu unilateralen Maßnahmen, beispielsweise seitens der USA? In aller Regel beantragen die Vertreter der USA im UN Sicherheitsrat ein Land mit einem Embargo zu belegen. Es kann sein, dass dieses Ansinnen scheitert, sei es weil sich im UN Sicherheitsrat dafür keine Mehrheit finden lässt, oder weil ein anderes ständiges Mitglied des Sicherheitsrates dagegen ein Veto einlegt. In diesem Fall beschliessen die USA das betreffende Land mit Embargos und Sanktionen zu belegen und zwar ohne UN Beschluss. Auch hier ist die Rechtslage höchst umstritten. Dies vor allem auch deswegen, weil die USA durch ihre militärische und ihre wirtschaftliche Macht andere Länder erpressen und zwingen kann das Embargo mit zu vollziehen.

Der Wirtschaftskrieg war und ist für die USA und für Europa ein in ihren Augen legitimes Mittel zur Durchsetzung ihrer Interessen. Dass damit, ebenso wie im militärischen Krieg, Menschen dass ihnen lebenswichtige Güter vorenthalten werden, ermordet werden, kümmert weder die US Amerikaner noch die Europäer. Der Zweck heiligt für sie die Mittel.
Ebenso wie bei den Sanktionen die von der UNO und der EU beschlossen wurden, werden auch bei unilateralen Sanktionen und Embargos Länder, welche diese nicht mit vollziehen abgestraft: So hat zum Beispiel die US Administration beschlossen, dass Länder welche das Embargo gegen den Iran nicht mit vollziehen, der Zugang zu den US Märkten verweigert wird. Obwohl dazu auch Ausnahmen vorgesehen sind, genügt dies um den Iran de facto einem erneuten Embargo zu unterwerfen.

Grundsätzliches

Embargos und Sanktionen gegen die Länder des Südens schaffen, nebst unzähligen anderen Verbrechen, eine enorme Rechtsunsicherheit. Verträge, welche die imperialistischen Staaten abschließen, sind das Papier nicht wert auf dem sie gedruckt sind, sobald es zu einem Embargo kommt. Die Staaten, welche ein Embargos beschliessen, können darüber hinaus jederzeit auch ein Erfüllungsverbot (performance ban) aussprechen. In aller Regel geschieht das auch. Ein Erfüllungsverbot ist eine Embargoform, die über den Warenverkehr hinaus auch die Erfüllung bereits geschlossener Verträge oder die Ableistung von aus Verträgen resultierenden Pflichten untersagt. Damit wird jeder, mit den USA oder der EU abgeschlossene Vertrag zur Makulatur.
Mehr und mehr zeigt sich jedoch, dass Embargos und Sanktionen auf diejenigen zurückfallen, die sie aussprechen. Dies vor allem weil sich grosse Volkswirtschaften wie China, Russland und andere immer weniger an die Embargo und Sanktionsvorschriften der UNO, der EU und der USA halten. Dies ist, da die Rechtslage dazu, wie bereits erwähnt keinesfalls geklärt ist, vollkommen legal. Bedingt durch das wirtschaftliche Wachstum dieser Länder, vor allem der Volksrepublik China, erhält das natürlich viel mehr Gewicht, als die bisherige Süd-Süd Kooperation. Das Messer „Embargo und Sanktionen" mit dem der Imperialismus die Völker zu erdolchen versucht wird also zunehmend stumpf.

Ein syrischer Arzt in Damaskus, mit dem wir im Januar 2017 sprechen konnten, erzählte uns, dass die syrische Regierung den Fehler gemacht habe, vor 2011, also vor den Angriffen gegen das Land, medizinische Geräte in Europa und in den USA einzukaufen. Das räche sich jetzt, denn für diese Geräte würden sie nun, wegen dem Embargo keine Ersatzteile mehr bekommen. Nicht mal Verschleissteile würden noch geliefert. Ähnliches hören wir aus dem Finanzsektor. Keiner US amerikanischen oder europäischen Bank ist es mehr erlaubt mit Syrien Geschäfte zu tätigen. Solche Art der Wirtschaftskriminalität schadet natürlich in erster Linie dem syrischen Markt und damit dem syrischen Volk. Aber auch den Verursachern, also den US und Euro Firmen und Banken entgehen dadurch Geschäfte in Milliardenhöhe.

Sind also Embargos, Sanktionen und Boykott grundsätzlich falsch und ein Verbrechen?

In erster Linie handelt es sich politische Entscheidungen, die juristische Lage ist wie bereits mehrfach erwähnt, mindestens fragwürdig und nicht klar. Also müssen Embargos, Sanktionen und Boykott auch in erster Linie politisch beurteilt werden: Warum werden Länder wie Venezuela, Russland, Iran, Syrien, Mali, Burundi und viele andere mit Sanktionen belegt? Warum nicht Israel, die USA, England, Frankreich, Deutschland, die Türkei und andere, die allesamt illegale Angriffskriege an allen Fronten führen? Das ist eine politische Frage und die Antwort darauf muss ebenfalls politisch sein: Weil die imperialistischen NATO Staaten ihre Herrschaft über die Völker ausdehnen wollen, militärisch, politisch und eben auch wirtschaftlich. Wir stellen fest, dass sich die Völker dagegen, zum Teil sehr erfolgreich zur Wehr setzen. Wir werden noch auf die einzelnen Länder die sanktioniert werden zurück kommen, auch mit welchen Massnahmen sie sich zu schützen versuchen.

Wie aber kommen wir überhaupt zu der Frage, ob Embargos, Sanktionen und Boykott nicht grundsätzlich falsch sein müssen?

Embargos, Sanktionen und Boykott sind Waffen, wirtschaftliche Waffen aber wer sagt, dass nur die anderen diese Waffen benutzen dürfen? Wir haben nicht die Macht so wie ein Staat oder gar wie eine Staatengruppe zu agieren, gleichwohl haben wir Macht! Die Apartheid Republik in Südafrika wurde bestimmt nicht von der „Boykott Apartheid“ Bewegung beseitigt. Das war natürlich der Widerstand der südafrikanischen Bevölkerung unter anderem auch des ANC. Aber diese Boykott Bewegung schuf innerhalb des min-

destens latent rassistischen Europas ein Bewusstsein darüber was Apartheid ist: Rassismus und die systematische Zerstörung jeder Menschenwürde.
Ebenso existiert in unsren Tagen die Bewegung BDS (Boycott, Divestment and Sanctions) gegen das zionistische Israel. Wir hören, dass diese Bewegung kriminalisiert werden soll, Ziel ist das schlussendliche Verbot der BDS. Ein Beweis für den Erfolg dieser Initiative! Auch die BDS ist nebst dem realen wirtschaftlichen Schaden, den sie Israel zufügt, dabei ein Bewusstsein darüber zu schaffen, dass Zionismus Rassismus ist und dass diese menschenfeindliche Ideologie keinen Bestand haben kann.
Wir kommen nun zum zweiten Teil dieses Kapitels. Wir werden nun Beispiele von Sanktionen, Embargos und Boykott vorstellen und wie damit umgegangen wird.

Beispiele von Ländern unter Sanktionen:
Irak:
Der UN-Sicherheitsrat hat in zahlreichen Resolutionen das erste Handelsverbot vom 6. August 1990 bekräftigt und modifiziert. Dem Irak wurde der Export aller Güter untersagt. Auch finanzielle Transaktionen und der Flugverkehr wurden unterbunden. Medizinisches Material gehörte theoretisch zu den wenigen Ausnahmen vom generellen Einfuhrverbot.
Weil die Regierung in Bagdad eben durch das unfassende Handelsverbot kein Geld hatte um genug Medikamente einzukaufen, kam es besonders bei der Versorgung von Kindern zu Engpässen. Wegen des Mangels an Arzneimitteln und an sauberen Wasser starben Tausende von Menschen.
Damit haben wir es mit UNO Sanktionen, nicht mit unilateralen Sanktionen zu tun. Von Beginn an waren die Sanktionen gegen das irakische Volk umstritten.
Denis J. Halliday, zum Beispiel ist ein ehemaliger irischer UN-Diplomat. Im Auftrag der UNO war er vom 1. September 1997 bis 1998 humanitärer Koordinator im Irak. Halliday war 34 Jahre für die UNO tätig. Seine Aufgabe ab 1997 als humanitärer Koordinator – die höchste Position, die die UN im Zusammenhang mit humanitären Auslandseinsätzen zu vergeben hat – war die Beobachtung und die Analyse einer sich steigernden humanitären Notsituation im Irak. Das Wirtschaftsembargo mit welchem der Irak von der UNO belegt worden war, hatte erhebliche Auswirkungen auf die irakische Zivilbevölkerung. Nach 34-jähriger Zugehörigkeit zur UN trat

Halliday aus Protest gegen das UN-Embargo gegen den Irak zurück, nachdem er Zeuge der Folgen des Embargos für die irakische Zivilbevölkerung geworden war. Das Verhalten der UNO erfüllt gemäß Halliday den Tatbestand des Völkermordes. Er gab anlässlich seines Rücktritts die folgende Erklärung ab:
„Ich wurde oft gefragt, warum ich nach einer dreissigjährigen Karriere bei der UNO zurücktreten wolle, warum ich mich mit all den mächtigen Staaten des UN-Sicherheitsrats angelegt habe und warum mich auch nach 5 Jahren das Wohlergehen des irakischen Volkes interessiert. In Wahrheit hatte ich keine andere Wahl. Hätten sie meinen Posten im Irak innegehabt, hätten sie das gleiche getan. Ich wurde zum Rücktritt getrieben, weil ich mich weigerte die Anordnungen des Sicherheitsrates zu befolgen, der gleiche Sicherheitsrat, der die völkermordverursachenden Sanktionen eingerichtet hat und diese aufrechterhält, die die Unschuldigen im Irak treffen (‚... the same Security Council that had imposed and sustained genocidal sanctions on the innocent of Iraq.') Ich wollte nicht zum Komplizen werden, ich wollte frei und öffentlich gegen dieses Verbrechen sprechen. Der wichtigste Grund ist, dass mein angeborenes Gerechtigkeitsempfinden entrüstet war und ist über die Gewalttätigkeit der Auswirkungen, die die UN-Sanktionen auf das Leben von Kindern, Familien hatte und hat. Es gibt keine Rechtfertigung für das Töten der jungen, der alten, der kranken, der armen Bevölkerung des Irak. Einige werden ihnen sagen, dass es die Führung ist, die das irakische Volk bestraft. Das ist nicht meine Wahrnehmung oder Erfahrung, die ich vom Leben in Bagdad gemacht habe. Und da wo das der Fall ist, wie soll das die weitere Bestrafung, die de facto eine Kollektivstrafe durch die UNO ist, rechtfertigen? Ich glaube nicht, dass es eine Rechtfertigung gibt (I don't think so) Und das Völkerrecht hat keine Grundlage für die unverhältnismässig und mörderische Konsequenzen des seit über 12 Jahren stattfindenden UN-Embargos."

Sein Nachfolger wurde der deutsche Diplomat Hans-Christof von Sponeck, dieser trat 2000 ebenfalls aus Protest von diesem Posten zurück. Für seinen Rücktritt nannte er ähnliche Gründe wie Halliday.
Es fehlt hier die Zeit um die Sanktionen gegen den Irak in der ihnen gebührenden Ausführlichkeit zu würdigen. Wir empfehlen zu die-

sem Thema das *Risāla* Jahrbuch Nr. 6 mit dem Schwerpunktthema Irak.[41]

Syrien:
Die Vereinigten Staaten von Amerika und die Europäische Union waren im Frühjahr 2011 die ersten die Sanktionen gegen Syrien verhängten. Anders als im Irak handelt es im Fall Syrien nicht um UNO Sanktionen sondern um unilaterale Sanktionen der USA, die allerdings von der Europäischen Union (EU) skrupellos nachvollzogen werden. Hören wir uns an, was Herr Idriss Jazairy, UNO-Sonderberichterstatter zu Syrien dazu zu sagen hat:
„Ich bin zutiefst besorgt darüber, dass die einseitigen Zwangsmassnahmen zum andauernden Leiden des syrischen Volkes beitragen", sagte UNO-Sonderberichterstatter Idriss Jazairy an einer Medienkonferenz in Damaskus. Jazairy war vom 13. bis zum 17. Mai in Syrien, um die negativen Folgen der Sanktionen auf die Zivilbevölkerung zu untersuchen. Sie sind desaströs: „Weil sie so umfassend sind, haben die Massnahmen verheerende Auswirkungen auf die gesamte Wirtschaft und den Alltag der ganz gewöhnlichen Leute."

Dr. Jihad Hasun ist der Direktor des Al-Faiha Krankenhauses in Damaskus. Anlässlich unseres Aufenthaltes in Syrien im Januar 2018 sagte uns Dr. Hasun:
„*Die medizinische Versorgung in Syrien, die wir hatten bevor die Probleme begannen, war wahrscheinlich die Beste im mittleren Osten.*
Wissen sie die Blockade gegen Syrien, zum Beispiel für medizinische Geräte, das trifft das Volk. Die Blockade pharmazeutischer Stoffe trifft das Volk. Wenn wir defekte Geräte wegen der Blockade nicht reparieren können, trifft das das Volk. Mit diesen Problem sind wir konfrontiert.
Einer meiner Patienten kam aus dem Libanon. Seine Frau brauchte eine Operation. Ich fragte ihn: „Wie viel kostet diese Operation in Libanon?" Er sagte: „3.000 Dollar". In Syrien kostet dieselbe Operation um die 150 Dollar, manchmal ein wenig mehr, manchmal ein bisschen weniger. Ich habe in den Golfstaaten gearbeitet und bin von Doha, Qatar, zurück gekommen um in meiner eigenen

---

41 *Risāla* Nr. 6, Schwerpunkt Irak, TuP-Verlag, Hamburg, 2004

Privatpraxis zu arbeiten. Als diese Krise begonnen hat, sagten mir meine Freunde in Doha ich soll zurück nach Qatar, das sei sicherer. Ich sagte nein, denn ich will in Syrien sterben, ich will meinen Kindern helfen. Ich habe fünf Töchter und die meine ich aber nicht. Wenn ich von meinen Kindern rede, dann meine ich alle kranken Kinder in Syrien. Jedes kranke Kind in Syrien ist mein Kind. Also sagte ich nein, ich will hier sterben. Ich habe meinen Glauben: Mein Gott ist auch dein Gott und mein Leben wird dann enden, wenn unser Gott das will, nicht dann wenn ich es will. Aber ich will in Syrien sterben, ich will unseren Kindern helfen bevor ich sterbe."

Es ist genau diese aufrechte und menschliche Haltung die in den angegriffenen Ländern vorherrschend ist. Im Fall Syriens kommt hinzu, dass die syrische Regierung und das syrische Volk über starke aussenpolitische Verbündete verfügen. Trotzdem leidet das syrische Volk – wie wir uns mehrmals selbst überzeugen konnten – enorm unter den Folgen der Sanktionen. Diese Verbrechen, die Embargos und Sanktionen nicht nur gegen Syrien, sondern gegen alle davon betroffenen Völker müssen beendet werden!

Ġaza :

Ġaza, der Ġazastreifen (*Qiṭāʿ Ġazza*) wird auch „das grösste Freiluftgefängnis der Welt" genannt. Das ein 360 km² großes Gebiet so genannt wird, ist natürlich der so gut wie gänzlichen Abriegelung des Ġazastreifens durch die Zionisten zu verdanken.
Zwar hat sich Israel 2005 aus dem Ġazastreifen zurückgezogen und dort Siedlungen und Militärbasen geräumt. Trotzdem ist Israel weiterhin Besatzungsmacht und behält die effektive Kontrolle über den bitterarmen, dichtbesiedelten Ġazastreifen. Auf diesen 360 km² leben ca. 1.8 Millionen Menschen, was bedeutet, dass auf einem km² rund 5.000 Menschen leben. (Quelle: Das CIA Factbook##besser: Fischer Weltalmanach??, Hamburg: 2.442 ##). Bloss um das in eine Relation zu stellen: In Schleswig-Holstein leben 182 EinwohnerInnen pro km², in Niedersachsen zählen wir gerade mal 168 Einwohner pro km². Die Abriegelung Ġazas, die Blockierung jeder Ein- und Ausreise, der Ein- und Ausfuhr von Waren sowohl über das Land, den Luftraum und die Küstengewässer bleiben bis heute bestehen. Das hat gravierende Folgen für die wirtschaftliche Entwicklung und die Energie-, (Ab)Wasser- und Kommunikationsinfrastruktur. Der Wiederstandwille in Ġaza ist – ebenso wie in

ganz Palästina – ungebrochen. Auch solidarische Menschen innerhalb und ausserhalb Ġazas machen immer wieder mit spektakulären Aktionen auf die desolate Situation in Ġaza aufmerksam. So kam es am 31. Mai 2010 zu einem Zwischenfall vor der Küste Ġazas. Das israelische Militär enterte sechs mit Hilfsgütern für den Ġazastreifen beladene Schiffe, die die Blockade durchbrechen wollten. Beim Entern der Mavi Marmara wurden mindestens neun Menschen getötet und über vierzig verletzt.
Viele Staaten verurteilten den Angriff und kritisierten zugleich die damals seit drei Jahren andauernde Blockade des Ġazastreifens. Der damalige UN-Generalsekretär Ban Ki-moon forderte, dass Israel die Blockade sofort aufheben müsse. Diese Forderung erfüllt Israel bis heute ebenso wenig wie unzählige UNO Resolutionen – ungestraft und ohne Sanktionen, Embargos oder Boykott von internationalen Organisationen befürchten zu müssen.
Dies sind drei Bespiele von Sanktionen, bzw. Embargos von vielen. Allein die angeblich neutrale Schweiz UNO Mitglied, nicht aber Mitglied der EU belegt 25 Länder, darunter klare Kriegsopfer wie Sudan, Syrien oder Jemen mit Sanktionen.

… Und zwei Länder als Beispiel für den Boykott von unten:
Israel:
Die Zeiten da Israel „als einzige Demokratie im Nahen Osten" bejubelt wurde sind endgültig vorbei. Mit seinen unzähligen Verbrechen gegen das palästinensische Volk, mit seiner Siedlungspolitik, mit all den Missachtungen sowohl internationalen Rechts, als auch der Menschenrechte, stellt der zionistische Staat seine Friedensunfähigkeit täglich unter Beweis und zerstört seine unverdient gute Reputation selbst. Kaum eine Regierung und schon gar nicht eine internationale Organisation wie die UNO üben jedoch erkennbaren Druck auf Israel aus. Die unzähligen UN Resolutionen gegen die zionistischen Verbrechen werden mit unschöner Regelmäßigkeit von der Veto Macht USA zunichte gemacht oder von Israel auch ohne Veto ignoriert.
Der Widerstand kommt von unten: Die im Jahr 2005 von 171 palästinensischen zivilgesellschaftlichen Organisationen gegründete Organisation BDS (Boykott, Desinvestitionen und Sanktionen) erfährt mittlerweile eine gewaltige internationale Resonanz und schafft mit ihren Aktionen ein Bewusstsein über alle politischen und sonstigen ideologischen Grenzen hinweg. Viele Prominente, auch KünsterInnen und Solidaritätsgruppen unterstützen den BDS-

Aufruf: Die transnationale politische Kampagne BDS ruft zum wirtschaftlichen, kulturellen und politischen Boykott Israels auf und zwar bis:

- Israel die Besatzung und Besiedlung allen arabischen Landes beendet
- Den arabisch-palästinensischen BürgerInnen volle Gleichberechtigung gewährt
- Die palästinensischen Flüchtlinge und deren Nachkommen in ihre Heimat und zu ihrem Eigentum zurückkehren lässt

Es fällt auf, dass diese Forderungen auch von der UNO gestellt werden und die auch in diversen – allerdings mit meist US Veto belegten – UNO Resolutionen enthalten sind. Paradoxerweise wird nun nicht der zionistische Staat, der diese Verbrechen sowohl gegenüber dem palästinensischen Volk, als auch gegenüber dem internationalen Völkerrecht begeht angeklagt. Nein, diejenigen, die versuchen das Recht wiederherzustellen, oder doch wenigstens ein Bewusstsein über das Unrecht zu schaffen, werden angeklagt. Es gibt Bestrebungen, vor allem In Deutschland, die BDS Kampagne zu kriminalisieren und damit einmal mehr die Justiz ad absurdum zu führen.

Südafrika:
Es ist bestimmt nicht falsch, Israel als Apartheid Regime zu bezeichnen. Folgerichtig lässt sich den auch die BDS Bewegung von der anti-Apartheid Bewegung gegen das inzwischen gefallene Apartheid Regime in Südafrika inspirieren. Ähnlich wie bei BDS erreichte auch die anti-Apartheid Bewegung Menschen aus verschiedensten politischen und ideologischen Lagern. Kirchliche Kreise fühlten sich von Humanismus der Kampagne ebenso angezogen wie Liberale von der politischen Breite oder radikale Linke von deren spezifischen politischen Inhalten. Es gibt noch weitere Parallelen: Ebenso wenig wie in Südafrika kann das Regime in Israel von einer Bewegung von aussen gestürzt werden. Dies muss und wird der Widerstand vor Ort besorgen. Aufgabe der Solidaritätsgruppen von ausserhalb muss es sein, ein Bewusstsein darüber zu schaffen, wo die Widersprüche liegen: Imperialismus / anti-Imperialismus, Zionismus / anti-Zionismus, Unterdrückung / Befreiung. Selbstverständlich dürfen wir diese beiden Beispiele Israel und Südafrika nicht isoliert sehen. Es gibt keinen Grund Länder wie die USA oder diejenigen der EU Staaten nicht zu boykottieren.

Selbstverständlich ist das für uns, die wir mitten in Europa leben nicht einfach. Aber warum soll etwas nicht funktionieren, nur weil es schwierig ist? Die Diskussion hat gerade erst begonnen!
Damit sind wir am Schluss des Kapitels zu Embargos, Sanktionen und Boykott. Es ist uns klar, dass wir dieses Thema aus Platzgründen nicht in der gebührenden Ausführlichkeit behandeln konnten. Wir haben Venezuela nicht behandelt, wir haben das Embargo gegen Jemen nicht behandelt und Sanktionen gegen Firmen, Organisationen und Einzelpersonen haben wir nur am Rande gestreift. Das Thema ist breit gefächert und verdient eine vertiefte Betrachtung.

Es gibt keine Alternative zur Alternative!

Die kommunistische Gesellschaft wurde von den Klassikern, Marx, Engels, Lenin, Mao Ze Tong, und vielen anderen hinlänglich beschrieben und rezipiert. Real verwirklicht hat sich diese kommunistische Gesellschaft noch nirgendwo, sie bleibt eine Utopie. Dennoch gibt es Unterschiede: Genau die Länder, die sich in Theorie und Praxis auf den Weg hin zu einer sozialistischen Gesellschaft machen, sind die Länder welche vom Imperialismus angegriffen werden.
Die Sowjetunion nannte sich – zu Recht – UdSSR Union der Sozialistischen Sowjet Republiken, nicht Union der kommunistischen Sowjet Republiken. Analog nennt sich kein anderes Land, auch keines mit einer kommunistischen Partei an der Führung, kommunistisch, sondern sozialistisch.
Dies ist folgerichtig: Der Sozialismus ist in der Literatur eine Phase, welche auf dem Weg zum Kommunismus durchgemacht werden muss.

Kann ein Land, in einer vom Imperialismus gespaltenen Welt, nicht nur das Stadium des Sozialismus erreichen, sondern darüber hinaus auch zu einem realen Kommunismus gelangen?
In Hinblick darauf, dass sich viele Länder auf diesen Weg gemacht haben, genannt seien Venezuela, Kuba, Bolivien, aber auch andere, auf den ersten Blick nicht unbedingt offensichtlich sozialistische Länder, wie zum Beispiel Syrien[42] ist diese Frage keineswegs rein theoretisch zu verstehen.
Der erste und wichtigste Gedanke, den es dabei zu beachten gilt, ist die Tatsache, dass kein einziges Land dieses Planeten völlig ausserhalb der imperialistischen Einflusssphäre lebt. Konkret bedeutet dies, dass die Entwicklung der Länder gegenwärtig weitgehend davon abhängig ist, wie weit die imperialistische Einflussnahme geht: Dies kann von einer sogenannt „friedlichen“ Einmischung,

[42] In Syrien finden wir tatsächlich sämtliche Bereiche, welche eine sozialistische Gesellschaft auszeichnen. Hingegen wird Syrien, vor allem von der westlichen Linken, nicht als sozialistische Gesellschaft gesehen, die Linke in Europa stimmt zum Grossteil in die imperialistische Hetze gegen die syrische Regierung mit ein und macht sich somit einmal mehr zum linken Arm des Imperialismus.

wie ökonomischen Zwangsmassnahmen, über Sanktionen und Embargos bis hin zum offenen Krieg führen.[43] Ausbleiben wird die Intervention der USA und der NATO Staaten jedoch auf keinen Fall, vorausgesetzt, das in Frage kommende Land verfolgt einen souveränen Kurs. Dieser Kurs muss nicht explizit sozialistisch sein, es genügen souveräne Entscheidungen der jeweiligen Regierung, um das Aggressionspotential der USA und der NATO-Staaten auf sich zu ziehen. Dazu gehört zum Beispiel die Entscheidung autonom darüber zu entscheiden, was mit den eigenen Ressourcen und Rohstoffen geschieht.

Vor diesem Hintergrund eine staatliche sozialistische Infrastruktur zu etablieren ist mehr als schwierig.

Uns soll hier die Frage beschäftigen, welche Voraussetzungen erfüllt sein müssen, um den Übergang von einer westlichen oder westlich hörigen, feudalen, bürgerlichen, imperialen Gesellschaft zu einer sozialistischen Gesellschaft zu gewährleisten. Weiter fragen wir uns, nach den Voraussetzungen die erfüllt sein müssen, wenn wir von einer sozialistischen Gesellschaft ausgehen.

---

[43] „Friedlich" sind diese Zwangsmaßnahmen natürlich niemals: Embargos, Sanktionen und Boykott fordern in den davon betroffenen Ländern unzählige Opfer.

Die sozialistische Gesellschaft

Ab wann können wir von einer sozialistischen Gesellschaft ausgehen?
Im Gegensatz zu einer kapitalistischen Gesellschaft, in der die wesentlichen und vitalen Bereiche des öffentlichen Lebens privatisiert und somit für die ärmeren Schichten teuer bis unerschwinglich sind, sind diese in einer sozialistischen Gesellschaft für alle Mitglieder dieser Gesellschaft frei oder für wenig Geld verfügbar. Diese Bereiche sind namentlich:
- Freie Gesundheitsversorgung
- Freie Bildung
- Subventionierter oder freier Wohnraum
- Freier oder subventionierter öffentlicher Verkehr
- Freie oder subventionierte Energie (Öl, Gas, Elektrizität)
- Subventionierte oder freie Grundnahrungsmittel
- Keine oder geringe Staatsverschuldung)
- Keine (oder keine wesentliche) Verbandelung mit westlichen kapitalistischen Konzernen
- Sicherheit (Armee, Polizei) sind ausschliesslich beim Staat, private Sicherheits- oder Söldnerfirmen werden nicht geduldet.

Die Liste liesse sich erweitern, jedoch können wir von einer sozialistischen Gesellschaft ausgehen, wenn die obigen Bedingungen erfüllt sind. Es fällt nun auf, dass eben diese Bereiche als erstes von den Institutionen des Imperialismus (IWF, Weltbank etc.) attackiert werden, wenn das betreffende Land zum Beispiel Kredite bei der Weltbank aufnimmt. So werden funktionierende Gesellschaften destabilisiert, indem sie gezwungen werden bestimmte Bereiche, zum Beispiel den öffentlichen Verkehr oder die Energieversorgung zu privatisieren. Im Jargon der neoliberalen Krieger nennt sich das „Liberalisierung“. De facto geschieht jedoch genau das Gegenteil von dem, was das Wort vorgibt, eine „Liberalisierung“ bedeutet für die betroffene Bevölkerung keine Befreiung, sondern vielmehr eine Versklavung. Nach der Privatisierung, egal um welchen Sektor es sich handelt, schnellen die Preise in die Höhe, weite Teil der Bevölkerung können sich die Dienstleistungen nur noch schwer oder gar nicht mehr leisten, die Schere zwischen Arm und Reich öffnet sich.
Die sozialistische Gesellschaft hat in aller Regel die Ressourcen des Landes, sei dies nun Grundbesitz, Wasser, Energiequellen oder

sonstige Rohstoffe, nicht oder wenigstens nicht vollständig verstaatlicht. Das bedeutet, dass das Privateigentum weder verboten noch tabu ist. Infolge der Liberalisierung werden die Menschen nun vermehrt neben ihrer eigentlichen Arbeit noch einen zweiten oder dritten Job annehmen müssen um die Bedürfnisse, die ja nun von Privaten angeboten werden, erfüllen zu können. Es kann zu sozialen Unruhen kommen, welche sich statt gegen die Privatisierer, gegen die eigene Regierung richten und im schlimmsten Fall zu deren Sturz führen. Reale Beispiele für dieses Szenario finden wir im Jahr 2019 zur Genüge: Diese Art eines versuchten oder vollzogenen „regime change" von außen registrieren wir u.a. in Syrien, in Venezuela, in der Ukraine, in Nicaragua, in Bolivien, in Libyen um nur einige Beispiel zu nennen. In einigen Fällen folgte dem eingeleiteten ökonomischen Krieg die direkte militärische Aggression auf dem Fuss.

Auf sich allein gestellte Staaten, die es versäumt haben rechtzeitig militärisch aufzurüsten und tragfähige Bündnisse mit anderen, starken Staaten zu schmieden sind eine leichte Beute für die imperialen Raubritter aus den NATO Staaten und aus den USA.
Dazu kommt, dass die sozialistischen Regierungen nicht nur mit der Aggression von aussen zu rechnen haben. Da sie es, aus welchen Gründen auch immer, versäumt haben das Privateigentum grossen Stils (Grossgrundbesitzer, Minen, Konzerne, Energie etc.) rechtzeitig zu verstaatlichen droht ihnen auch eine Auseinandersetzung mit den Oligarchen im eigenen Land. Dieses Phänomen beobachten wir zur Zeit zum Beispiel ebenfalls in Venezuela.
Verkürzt gesagt kann konstatiert werden: Eine sozialistische Gesellschaft kann durchaus auch mit demokratischen Mitteln, d.h. durch Wahlen erreicht werden. Die imperialistischen Gesellschaften werden dies zwar mit Misstrauen beobachten, aber (noch) nicht einschreiten. Gefährlich wird es für das Land dann, wenn sich die gewählte sozialistische Regierung nicht korrumpieren lässt und sich daran macht, ihre gegebenen Versprechen umzusetzen.
Mit anderen Worten: In einem imperialistischen Umfeld ist es für die sozialistische Gesellschaft schwer sich zu entwickeln. Es ist jedoch schier unmöglich, dass sich diese zarte Pflanze sozialistische Gesellschaft unter diesen Umständen gar zu einem starken Baum namens Kommunismus entwickelt.

Nun ist es jedoch so, dass wir gar nicht wissen können, wie die kommunistische Gesellschaft aussehen könnte. Um bei der Metapher zu bleiben: Wir wissen zwar, dass wir den Baum pflanzen können, aber wir wissen noch nicht, wie wohlschmeckend seine Früchte sein werden.

Die kommunistische Gesellschaft

Die kommunistische Gesellschaft ist jedoch keineswegs eine reine Utopie. Vergangene Gesellschaften haben bewiesen, dass sich diese angebliche Utopie in die Realität umsetzen lässt.
Beispiele davon sind bei Friedrich Engels in „Zur Geschichte des Urchristentums“[44] oder bei Quintern / Rahmani in „Qarmaṭen und Ihwān as-Safā‘“[45] zu finden. Zahlreiche Zeugnisse und Überlieferungen von indigenen Gemeinschaften lassen auch rückschliessen, dass es sich dabei oft, wenn nicht immer, um „ur-kommunistische“ Gesellschaften handelte.
Wie können wir uns diese Gesellschaften vorstellen und sind deren Strukturen auf unsere Zeit überhaupt übertragbar?
Eine wichtige Charakteristik der kommunistischen Gesellschaft ist die Abschaffung des Privateigentums. Dies ist gleichzeitig das grosse Schreckgespenst, welches die meisten Menschen, auch SozialistInnen, abschreckt.
Tatsächlich bedarf die Idee, nur kollektives, kein Privateigentum zu haben, ebenso einer gediegenen Erläuterung und Erziehung wie andere, der kommunistischen Gesellschaft eigene Faktoren, wie zum Beispiel die kollektive Arbeit. Lenin sprach von einer Zeit, welche 5 Generationen umfasst, um diese kommunistischen Ideale zu verwirklichen.[46]

Wir merken uns: Lenin verstand unter diesen 5 Generationen eine Zeit unter günstigen Umständen, also wenn keine Angriffe von aussen erfolgen. Diese Zeit meinte er zu benötigen um erfolgreich zu sein. Das Experiment der UdSSR ist nach 70 Jahren gewaltsam beendet worden. Dass diese Zeit nicht ausreichte, um nachhaltige Erfolgen zu erzielen, zeigt uns die Entwicklung, vor allem in den sogenannten Satellitenstaaten der Sowjetunion. Kaum war der real existierende Sozialismus zerschlagen, zögerten viele, ja die Meisten von ihnen nicht, sich dem Angriffspakt der NATO anzuschliessen. Dies zeigt wie wichtig einerseits der Zeitfaktor ist, andererseits aber

---

44 MEW, Band 22, Dietz Verlag, Berlin
45 Kamal Rahmani / Detlev Quintern, Qarmaṭen und Ihwān as-Safā‘, TuP-Verlag, Hamburg
46 Lenin, Staat und Revolution, Dietz Verlag Berlin

vor allem auch, wie wichtig die Bewusstseinsbildung der Menschen ist, wenn die Entwicklung tatsächlich nachhaltig sein soll.
Andere, zum Beispiel Che Guevarra, sprechen ausdrücklich vom „neuen Menschen", der notwendig sei um diese Utopie einer kommunistischen, gerechten, friedlichen, nicht ausbeuterischen und nicht korrumpierten Gesellschaft zu verwirklichen. Nun ist es ja nicht so, dass der Mensch an sich schlecht, korrupt, mordlüstern oder verbrecherisch wäre. Wenn dies der Fall wäre, wenn die Schlechtigkeit des Menschen so quasi in seinen Genen liegen würde, dann hätten

1. die oben erwähnten kommunistischen Gesellschaften niemals entstehen können und
2. hätte sich die Menschheit als Spezies schon längst ausgerottet.

Selbstverständlich ist „das Schlechte" im Menschen ebenso angelegt wie auch „das Gute", auf keinen Fall ist jedoch in der Geschichte der Menschheit das „Schlechte" dominierend. Friedfertigkeit, kollektives Arbeiten, kollektives Besitztum und die Bildung kommunistischer Gesellschaften sind im Bewusstsein des Menschen verschüttet, aber sie sind vorhanden. Sie wieder hervor zu holen und zur Diskussion zu stellen ist eine unserer vordringlichsten, wenn nicht die vordringlichste Aufgabe, die sich uns stellt.

Warum ist das so?
In diesem Buch werden Fragen aufgeworfen, unter anderen auch die nach den Perspektiven und somit nach der Handlungsfähigkeit der europäischen Linken.
Eine Linke, die nicht imstande ist, die imperialistischen Angriffe als Solche zu erkennen, ist nicht imstande sich diesen Angriffen theoretisch und praktisch entgegen zu stellen. Eine Linke, die sich diesen Angriffen nicht entgegen stellt ist ausserstande Perspektiven zu entwickeln. Eine Utopie wie der Kommunismus ist für so eine Linke schon gar nicht mehr vorstellbar. Sehen wir uns an, was ein italienischer Professor und Kommunist dazu meint:
„Darüber hinaus zeichnet sich am Horizont die Gefahr grösserer Konflikte ab, die sogar sie Schwelle zum Atomkrieg überschreiten könnten. Mehr denn je wird deutlich, dass eine Oppositionsbewegung notwendig ist: Unglücklicherweise glänzt die Linke im Westen durch Abwesenheit." (Domenico Losurdo).

Nicht nur politisch, sondern physisch geht es also im wahrsten Sinne des Wortes um Sein oder Nicht Sein. Die Kernfrage, die wir uns alle stellen müssen lautet: Wollen wir uns weiter, wie es der türkische Dichter Nazim Hikmet beschreibt, „wie die Schafe zur Schlachtbank“ treiben lassen? Konkret bedeutet dies: Wollen wir weiterhin – wohlverstanden als fortschrittliche emanzipierte Linke! – den Propaganda Lügen der imperialistischen Kriegshetzer glauben? Wollen wir weiterhin, all diejenigen, welche diese Lügen aufdecken und aufrechte Bewusstseinsbildung leisten, entweder ignorieren, als „Verschwörungstheoretiker“ oder als „Antisemiten“ diffamieren?
Es ist absurd: Wir fürchten uns vor der Idee, unser Privateigentum und unsere Individualität zu verlieren und so wir weigern uns, eine gesellschaftliche Alternative zur herrschenden „Fressen und gefressen werden“ Mentalität überhaupt nur zu diskutieren. Wir fürchten uns jedoch nicht vor der Idee, dass unsere Städte allmählich im Smog ersticken, unsere Wasser unwiederbringlich vergiftet und unsere Wälder abgeholzt werden. Und schon gar nicht scheint uns zu beunruhigen, dass wir eindeutig von grössenwahnsinnigen und geisteskranken Herrschern, ob nun in politischen Ämtern oder nicht, regiert werden, die keine Sekunde zögern Krieg, Zerstörung und verbrannte Erde über den gesamten Planeten zu verbreiten. Diese Herrscher, es muss einmal mehr gesagt werden, sitzen an den Schalthebeln der Macht in den NATO Ländern, in den USA und in Israel. Und so sehr sich Linke und nicht Linke systemhörige Schafe auf dem Weg zur Schlachtbank auch dagegen sträuben mögen: Sie sitzen NICHT in der arabischen Welt, nicht im Kreml, nicht in Peking und auch nicht irgendwo in Afrika.
All dies ist ebenso offensichtlich wie schmerzhaft. Dieses System, welches hart daran arbeitet, den Planeten als solchen zu zerstören und welches ohne Rücksicht auf Verluste ausbeutet und mordet hat weder Zukunft, noch ist es reformierbar. In unser aller Interesse muss diese Mordmaschine für immer gestoppt werden. Dies ist keine ideologische, sondern schlicht eine Überlebensfrage.
Eine Debatte darüber was Kommunismus ist und wie wir zum Kommunismus kommen können ist also weder rein akademisch theoretisch noch ist sie ein Luxus, den wir uns leisten. Es ist eine Notwendigkeit für uns alle.
So oder so – dieses System hat keinen Bestand. Was danach kommen wird ist, ebenso wie das was heute geschieht, unsere Sache. Wir alle haben die Macht – ergreifen wir sie!

Zum Schluss

Ohne jeden Zweifel ist der Imperialismus das grösste und das brennendste Problem, mit dem die Menschheit jemals konfrontiert wurde, bzw. mit dem sie gegenwärtig konfrontiert ist. Die Menschen in den imperialistischen Ländern spüren dies an der sich immer weiter öffnenden Schere zwischen Reich und Arm, an der steigenden Suizidrate, an Depressionen, Gewalt, sowohl in der Familie als auch in der Gesellschaft und an einer allgemeinen inhaltsleere des Lebens.
Die vom Imperialismus angegriffenen Länder spüren die Daueraggression unmittelbarer: Die Regierungen dieser Länder werden, so sie sich nicht korrumpieren lassen, diffamiert und diskreditiert. Die Länder und ihre Infrastruktur werden direkt militärisch angegriffen, Schulen, Krankenhäuser, Wasserversorgung und andere lebenswichtige Einrichtungen werden zerstört. Das oft jahrtausendealte kulturelle Erbe dieser Länder wird geraubt und in den Museen von Paris, London, Berlin und anderen Metropolen zur Schau gestellt oder gezielt zerstört, wie zum Beispiel in Irak oder in Tadmur (Palmyra), Syrien.

Der von der imperialistischen Propaganda deformierte Geist des Menschen im Imperialismus merkt davon nichts, oder er will davon nichts merken. Unrecht, Zerstörung, Raub und Genozid gehen dennoch nicht spurlos an uns allen vorbei. Die Mechanismen, wie mit der katastrophalen Situation, in die uns die imperialistische Herrschaft bringt, umgegangen wird, sind vielfältig. Einige flüchten, sei es in Drogen, in ein exzesshaftes Konsumverhalten oder in andere Süchte. Einige verfallen in Depressionen und enden in der Psychiatrie oder gar im Suizid. Andere versuchen „Gutes" zu tun, indem sie sich bei irgendwelchen karitativen Organisationen ehrenamtlich ausbeuten lassen. Einige Wenige politisieren sich und oft lassen auch sie sich von der Propaganda der imperialistischen think tanks einseifen. Sogenannte „Befreiungsbewegungen" und „Farbrevolutionen" von den imperialistischen Geheimdiensten instrumentalisiert oder gleich selbst inszeniert, beeinflussen auch die Linke in den Metropolen des Imperialismus. Eigentlich müssen wir konstatieren, dass eben diese Linke auch ein Zielpublikum dieser imperialistischen Manipulationen ist.
Der Blick auf die tatsächlichen Unterdrückungs- und Aggressionsverhältnisse wird getrübt, eigentlich kluge und solidarische Menschen fallen auf die Beteuerungen der „Menschernrechtskrieger"

herein. Die Folgen sind mehr als fatal: Ein Land nach dem anderen wird angegriffen und hier in den Zentren des Imperialismus, wo sich eigentlich der Widerstand gegen diese Verbrechen manifestieren müsste, herrscht dazu entweder Schweigen zum Morden oder noch schlimmer, Zustimmung.

Dies wären zum Schluss eines Buches äusserst deprimierende Töne. Tatsächlich fällt es mit Blick auf die europäische Linke schwer, hoffnungsvoll in die Zukunft zu blicken. Das Bild welches, uns Europa präsentiert sieht in etwa so aus: Konzerne kontrollieren mit ihrem Kapital die Gesellschaft und deren Infrastruktur. Bürgerliche Parteien inszenieren in deren Auftrag den Raub der Rohstoffe und die Ausbeutung der Länder des Südens und damit den Krieg. Linke Parteien bemühen sich nach Kräften an die Macht zu kommen. Einmal an den Schalthebeln der Macht angelangt, tun sie jedoch alles was ihnen möglich ist, um die bis anhin bürgerliche Kriegsmaschinerie noch zu überbieten. (Siehe dazu die Rot-Grüne Regierung in Deutschland, die Sozialisten in Frankreich oder die Labour Party in England). Die wirkliche Opposition indes reibt sich an Nebenwidersprüchen auf und spaltet sich dadurch bis zur Unkenntlichkeit selbst auf.

Dennoch gibt es Hoffnung. Die seit jeher bestehende Süd-Süd Kooperation dürfen wir in einer globalen Analyse nicht ausser acht lassen. So bestätigte zum Beispiel Fidel Castro in einem Gespräch mit Ṣaddām Ḥusain, dass Kuba die ersten Jahre der Blockade ohne die massive Unterstützung des Iraks wohl kaum überstanden hätte.[47]

Dies ist indes nur ein Beispiel von vielen. Wichtig ist die Erkenntnis, dass der Imperialismus mit seinem bewaffneten Arm, der NATO und seinen Armeen, nicht Regierungen, sondern eben Völker angreift und massakriert – überall jederzeit und mit allen zur zur Verfügung stehenden Waffen, inklusive Atomwaffen, Giftgas, Streubomben und weissem Phosphor.

Die angegriffenen Völker sind sich dessen sehr wohl bewusst und sie leisten Widerstand. Diesen Widerstand gilt es zu stärken, mit

---

[47] http://articles.abolkhaseb.net/en_articles_2006/0406/Saddam_Hussein_al_basra.pdf

einer adäquaten politischen Analyse, mit unserer Solidarität, und schliesslich auch mit unserem Widerstand gegen Rassismus, Zionismus und Völkermord.
Der Imperialismus versteht nur eine Sprache, nämlich die Sprache des Widerstandes.
Solidarität ist internationale Solidarität oder es ist keine Solidarität.
Solidarität ist Widerstand.

Was tun?

Die Schlussfolgerungen, die wir gezogen haben, dürfen nur ein erster Schritt sein, wir müssen handeln! Wie aber wollen wir gegen die scheinbare Allmacht des Imperialismus mitten im Imperialismus vorgehen? Oft wird vorgebracht, wir seien Wenige, wir seien schwach. Das ist bedingt richtig. Wir sind Wenige, weil wir uns nicht mit anderen zusammen tun, wir sind schwach, weil wir uns um Ideologien und um kleinliche politische Inhalte streiten, uns aufreiben und dabei das Ziel aus den Augen verlieren: Die Aggressionen, die Kriege und die Zerstörungen, welche vom Imperialismus, von Europa, von den USA und von Israel ausgehen, müssen gestoppt werden! Es mag sein, dass wir hier in den parasitären Gesellschaften des Nordens und des Westens noch in einer Minderheitspositionen politisieren. Global sind wir auf jeden Fall in der Mehrheit!

Ein erster Schritt zum Handeln ist, sich der Hirnwäsche des Systems zu widersetzen. Wie kann es sein, dass wir zu Massenmord, zu Zerstörung, zu Ausbeutung einfach schweigen?
Wir sollen, wir müssen also unsere Stimmen erheben gegen das Unrecht, welches in erster Linie, ja ausschließlich von der NATO, von den USA und von Israel ausgeht. Wir können dies tun, indem wir uns organisieren, indem wir Veranstaltungen besuchen und dort unsere Stimmen erheben. Wir können selber Veranstaltungen auf die Beine stellen. Wir können unsere Einschätzungen schärfen, indem wir Kontakte zu Menschen in den angegriffenen Ländern selbst suchen. Alternative Medien sind ein Weg, aber Achtung: Auch diese können unterwandert werden, selber denken bleibt uns auf keinen Fall erspart.

Ein guter Rat ist auch, nachdem wir unser Bewusstsein theoretisch geschärft haben, zu handeln. Dies können konkrete Solidaritätsaktionen mit der Bevölkerung eines angegriffenen Landes sein. Ratsam ist es aber auch, hier, im Herzen der Bestie in Aktion zu treten. Wie können beispielsweise Patriot Raketensysteme von Deutschland in die Türkei gelangen, ohne dass diese Transporte durch Demonstrationen und Blockaden behindert oder gar verhindert werden? Wie kann es sein, dass scheinbar neutrale Länder wie die Schweiz, Österreich oder Schweden Waffen oder Waffensysteme nach Saudi-Arabien, Israel oder den USA liefern, ohne dass vor den betreffenden Firmen massive Proteste stattfinden, mit dem Ziel diesen Verbrechen Einhalt zu gebieten? Wie ist es möglich, dass Jemen, Syrien, Irak und andere Länder angegriffen werden und vor den Botschaften der Aggressoren bleibt es in Europa und in den USA ruhig? Warum schweigen wir?

Tatsächlich erleben wir nämlich immer wieder Beispiele von erfolgreichem Widerstand gegen den NATO / US / Israel Militarismus Wahn:

- In Libyen marschierten im Jahr 1970 eine Million Menschen auf die US Basis *Wheelus field* und erzwangen so den Abzug der US Truppen aus Libyen.
- Die Friedensbewegung in Irland leistet immer wieder erfolgreichen Widerstand gegen die Starts und Landungen von US Militärmaschinen auf dem Flugfeld von Shannon Airport.
- Die USA haben, begonnen mit Vietnam, sämtliche Angriffskriege die sie angezettelt haben verloren, kein einziges ihrer Ziele wurde erreicht. (Wohl aber konnten sie blühende Gesellschaften zerstören).
- Die kommunistische Partei der Philippinen leistet massiv und organisiert Widerstand gegen die US Militär Basen im Land.
- Das syrische Volk leistet, gemeinsam mit Regierung und Armee, seit 2011 erfolgreich Widerstand gegen den subversiven, mörderischen Bandenkrieg des Imperialismus.

Auch ohne diese weltweit beispielhaften Erfolge (die Liste ließe sich beliebig erweitern) weiss Jeder und Jede, die wir politisch aktiv sind, von grossen und kleinen Erfolgen im politischen Alltag zu berichten. Darauf müssen wir, gemeinsam mit Jemen, gemeinsam mit Syrien, gemeinsam mit allen vom Imperialismus angegriffenen Völkern der Welt aufbauen!

Einige Begriffsklärungen in Kürze:

Hauptwiderspruch / Nebenwiderspruch: Der imperialistische Angriffskrieg gegen die Völker ist der Hauptwiderspruch. Alles andere sind Nebenwidersprüche.

Imperialismus: Der Imperialismus ist kein ökonomisches Verhältnis, der Imperialismus ist ein Gewaltverhältnis. Nirgendwo hat der Imperialismus seine Interessen mit friedlichen Mitteln durchgesetzt, die imperialistischen Machthaber gehen mit ihrem militärischen Arm, der NATO über die Leichen ganzer Völker um ihre Hegemonialinteressen durchzusetzen.

Krieg: Eigentlich eine normale Beziehung der Menschen untereinander: Es gibt Streit, im Streit gibt es keine Einigung, es gibt Krieg. So hat die Menschheit Jahrtausende lang funktioniert. Das war nicht immer schön, aber es hat funktioniert. Mit dem Hochkochen der europäischen Aggressionen gegen die Völker der Welt geriet dieses Gefüge zwischen Frieden und ganz normaler menschlicher Aggression aus dem Gleichgewicht. Bis anhin hatte der Krieg einen Anfang und ein Ende. Seit dem Aufkommen der europäischen Aggressionen jedoch leben wir in einem Zustand des Dauerkrieges. Früher wurde Krieg als Mittel zum Zweck geführt. Bestimmte Regeln wurden aufgestellt und – natürlich immer mit Ausnahmen – auch eingehalten. Davon kann heute keine Rede mehr sein. Der imperialistische Krieg kennt keine Regeln mehr: Keine Schonung der Zivilbevölkerung, keine Ächtung bestimmter Waffen oder Mittel. Nicht eine Armee wird bekämpft sondern das Volk. Der imperialistische Krieg ist ein asymmetrischer Krieg, nicht zwei Gegner stehen sich gegenüber, sondern ein militärisch starker Angreifer überfällt ein militärisch schwaches Opfer. Der heutige Krieg ist nicht mehr „die Fortsetzung der Politik mit anderen Mitteln“, wie Clausewitz schrieb. Heute ist der Krieg zum Selbstzweck geworden; Krieg wird um des Krieges Willen geführt. Die Gesellschaft des Imperialismus ist eine durchmilitarisierte Gesellschaft, die ohne den Krieg nicht existenzfähig ist.

Marxismus-Leninismus: Der Marxismus-Leninismus ist, gemeinsam mit dem Maoismus eine fortschrittliche Ideologie, die jedoch nicht unkritisch rezipiert werden darf.

Nationalismus, Patriotismus: Es gilt zu unterscheiden: Während der Nationalismus und der Patriotismus in den imperialistischen Ländern und in Israel abschotten und die Menschen spalten will („Ich und die Anderen") werden Nationalismus und Patriotismus in den südlichen Ländern ganz anders verstanden. In den Ländern des Südens, namentlich in den ehemaligen Kolonien sind Nationalismus und Patriotismus Elemente des Befreiungskampfes. Sie sind, im Gegensatz zum Nationalismus und Patriotismus europäischer Prägung offen. (Nicht „Ich und die Anderen" sondern „Wir").[48]

Solidarität: Solidarität ist internationale Solidarität oder es ist keine Solidarität. Staaten und Gemeinschaften die vom Imperialismus und seinen Vasallen angegriffen werden, sind auf unsere Solidarität angewiesen. Solidarität ist die Zärtlichkeit der Völker!

Revolution: Achtung! Nicht überall wo Revolution drauf steht ist auch Revolution drin! Mittlerweile haben die imperialistischen *think tanks* herausgefunden, dass wohlmeinende, fortschrittliche Menschen mit dem Köder „Revolution" leicht zu fangen sind. Sehr schwierig ist es allerdings nicht: Echte Revolutionen sind mit dem Volk. *(„Der Revolutionär bewegt sich im Volk wie ein Fisch im Wasser"[Mao Ze Tong]).* Keinesfalls verbünden sich echte Revolutionen in irgend einer Weise mit dem Imperialismus.

Theorie: Theorie ist, so belehrt uns das Lexikon, „eine durch Denken gewonnene Erkenntnis". Theorie ist nicht das rezipieren einer Erkenntnis, die Andere gewonnen haben. Jede Theorie, auch die Eigene ist wertlos, wenn sie nicht immer wieder neu überdacht und an der Praxis geprüft wird.

Zionismus: Der Zionismus ist eine rassistische, in Europa entwickelte Ideologie die das Ziel verfolgt den imperialistischem Mächten im arabischen Raum eine dauerhafte Basis zu sichern. Mittel dazu sind Siedlerkolonialismus, Landraub und Vertreibung des palästinensischen Volkes. Der Zionismus hat nichts mit dem Judentum zu tun. Gleichwohl versucht der Zionismus, das Judentum für seine Zwecke zu missbrauchen.

---

[48] Ein vom Autor auf seinen Reisen in Syrien oft gehörtes Wort lautet: „Jeder Mensch hat zwei Heimatländer: Sein Eigenes und Syrien".

Verwendete Literatur:

Abu Jamal, Mumia: Das Imperium kennt kein Gesetz, Aufsätze, Atlantik Verlag, Bremen

Anderson, Tim: Axis of Resstance – Towards an Independent Middle East, Clarity Press

Anderson, Tim: Der schmutzige Krieg gegen Syrien, Liepsen Verlag, Marburg

Brik, Nazeh: Kibbuz – Legende und Wirklichkeit, TuP-Verlag, Hamburg

Cabral Amilcar: Theorie als Waffe, editon con, Bremen

Cheik Ante Diop: Civiization or Barbarism, Lawrence Hill Books, Chicago

Coogan, Tim Pat: The I.R.A., Harper Collins, London

Degeorge, Gérad: Damaskus, Band zwei, Turia und Kant, Wien

Dottke, Brigitte: Lernen zu widerstehen, TuP-Verlag, Hamburg

Engels, Friedrich: Zur Geschichte des Urchristentums, MEW, Band 22, Dietz Verlag, Berlin

Fanon, Frantz: Die Verdammten dieser Erde, rororo Verlag, Hamburg

Fanon, Frantz: Schwarze Haut, weisse Masken, Syndikat Verlag, Marburg

Forbes, Jack D.: Columbus und andere Kannibalen, Hammer Verlag, Wuppertal

Gabarti: Bonaparte in Ägypten, Ex Libris Verlag, Zürich

Gadaffi, Muamar al: Das grüne Buch, Studienverlag, Tripoli (vergriffen)

Galleano, Euardo: Die offenen Adern Lateinamerikas, Hammer Verlag, Wuppertal

Gerger, Haluk: Widerstand in Nahen Osten, Zambon Verlag, Frankfurt a.M.

Guevara, Ernesto Che: Bolivianisches Tagebuch, rororo Verlag, Hamburg

Guevara, Ernesto Che: Episoden aus dem Revolutionskrieg, Reclam Verlag, Leipzig

Hände weg von Syrien!, Eigenverlag, Mediengruppe Basel

Heizmann, Eva und Markus: Syrien ein Land im Widerstand – mehr als ein Reisebericht, TuP-Verlag, Hamburg

IIS: Imperialismus und Judenfrage, TuP-Verlag, Hamburg

Kanafani, Ghassan: Der Aufstand 1936-1939 in Palästina, in: Kanafani, ein palästinensisches Leben, pdw Verlag, Bonn (vergriffen)

Keller, Karl: Theorie und Praxis der Revolution, TuP-Verlag, Hamburg

Khella, Karam: Dialektischer und historischer Materialismus, TuP-Verlag, Hamburg

Khella, Karam: Die Geschichte der arabischen Völker, TuP-Verlag, Hamburg

Khella, Karam: Die Imperialismustheorie, in: Jahrbuch Risāla Nr. 5, TuP-Verlag, Hamburg

Khella, Karam: Die Vorlesungen über den Krieg, Band 1, 2 und 3, TuP-Verlag, Hamburg

Khella, Karam: Die Welt und Palästina, TuP-Verlag, Hamburg

Khella, Karam: Jederzeit, überall, mit allen Waffen, TuP-Verlag, Hamburg

Krammer, Hubert: Jenseits der Mythen: Imperialismus – Zionismus – Faschismus. Eine Quellenrecherche, TuP-Verlag, Hamburg

Lenin, W.I.: Der Imperialismus als höchstes Stadium des Kapitalismus, Dietz Verlag, Berlin

Lenin, W.I.: Staat und Revolution, Dietz Verlag, Berlin

Losurdo, Domenico: Die Sprache des Imperiums, PapyRossa, Köln

Losurdo, Domenico: Wenn die Linke fehlt... Gesellschaft des Spektakels, Krise, Krieg, PapyRossa, Köln

Mandel, Ernest: Der 2. Weltkrieg, ISP Verlag, Frankfurt a.M.

Mao Ze Tong: Theorie des Guerilla Krieges, rororo Verlag, Hamburg

Mao Ze Tong: Worte des Vorsitzenden Mao Ze Tong (Das rote Buch), Verlag für fremdsprachige Literatur, Peking

Mariàtegui, José Carlos: 7 Versuche die peruanische Wirklichkeit zu verstehen, Argument Verlag, Berlin und Freiburg

Marx, Karl und Engels, Friedrich: Manifest der kommunistischen Partei, Dietz Verlag, Berlin

Priskil, Peter: Die Karmaten, Ahriman Verlag Freiburg im Breisgau

Ramahi, Kamal / Quintern, Detlev: Qarmaṭen und Iḫwān aṣ-ṣafāʾ, TuP-Verlag, Hamburg

Risāla, Jahrbuch Nr. 6: Schwerpunktthema Irak, TuP-Verlag, Hamburg

Risāla, Jahrbuch Nr. 7: Krieg! TuP-Verlag, Hamburg

Rote Armee Fraktion: Texte und Materialien zur Geschichte der RAF, ID-Verlag, Berlin

Ruppin, Arthur: Soziologie der Juden in zwei Bänden, Jüdischer Verlag, Berlin

Said, Edward W.: Orientalismus, Fischer Verlag, Frankfurt a.M.

Suliman, Aktham: Krieg und Chaos in Nahost: Eine arabische Sicht, Nomen Verlag, Frankfurt a.M.

Yahya, Faris: Zusammenarbeit der Zionisten mit Nazi Deutschland, ISP Verlag, Berlin

Dank

Der Autor bedankt sich bei allen GenossInnen und FreundInnen die zu diesem Buch beigetragen haben. Sie alle namentlich zu nennen ist unmöglich. Einige seien trotzdem stellvertretend für Viele erwähnt: Eva für die Durchsicht des Manuskripts und für ihre fachkundigen Ratschläge. Chris für seine treffende und immer aufbauende Kritik. Die GenossInnen von der NrhZ und der Arbeiterfotografie für die vielen anregenden Diskussionen. Özgut und ihre GenossInnen für deren vorbildliche Solidarität. Ghassan und seine Familie, die sich vom Süden Syriens, bis in die kalten Gefilde Europas erstreckt, für die Wasserpfeifen, die Freundschaft und die Solidarität. Hubert für sein Vorwort und für seine Freundschaft. Schliesslich: Brigitte, Karam und Matthias vom TuP-Verlag für deren Geduld und für die Fertigstellung und die Herausgabe des Buches.
Und Ihr alle, auch wenn unserer Diskussionen oft kontrovers sind und die Ihr hier nicht genannt seid: Habt Dank!

Syrien – ein Land im Widerstand

Mehr als ein Reisebericht

von Eva uns Markus Heizmann

ISBN 978-3-939710-32-5
154 Seiten
16 €

Im vorliegenden Buch wird eine authentische Sichtweise auf den Krieg gegen Syrien vorgestellt.
In keinem Augenblick ihrer Reisen nach Syrien in den Jahren 2016 bis 2018 haben die AutorInnen im Land selber von einem „Bürgerkrieg" oder von einem „Diktator" gehört. Wohl aber haben sie

Menschen getroffen, welche unter der Aggression leiden und die sich sehr wohl darüber im Klaren sind, dass die Angriffe gegen sie und gegen ihr Land von aussen kommen. Trotz des Krieges durften die AutorInnen die enorme Gastfreundschaft und Offenheit der Menschen in Syrien erfahren.

Das Buch schildert eine Realität fern von jeder westlichen Medienpropaganda. Es ist sowohl ein Reisebericht, als auch ein engagiertes Plädoyer zur Beendigung des Krieges und des Embargos gegen Syrien.

Farid Darrage & Markus Heizmann

Poesie des Widerstands

ISBN 978-3-939710-16-5
1. Auflage 2012, 125 Seiten
14 €

Ghassan Kanafani hat nie eine Waffe getragen. Er wurde ermordet, weil seine Worte gefährlicher als jede Waffe empfunden wurden. Er schrieb.

Ihm folgte Nagi al-Ali aus dem gleichen Grund.
Er zeichnete.

Als letzter von den dreien kam Mahmoud Darwish ums Leben.
Er dichtete.

Die Geschichte Palästinas – gesehen durch die Augen der palästinensischen Literaten Ghassan Kanafani und Mahmoud Darwish mit ausgewählten Zeichnungen von Nagi al-Ali.

Markus Heizmann und Farid Darrage begleiten die ausgesuchten Werke der Literaten, indem sie deren Gedichte und Erzählungen in den jeweiligen historischen Kontext der Ereignisse in Palästina stellen.

Hubert Krammer

Jenseits der Mythen:

Imperialismus – Zionismus – Faschismus

Eine Quellenrecherche über die
Geschichte einer Kontinuität
Mit einer Einführung von
Karam Khella
ISBN 978-3-939710-02-8
19 €

Dieses Buch zeigt Zusammenhänge auf, die nicht zu den Selbstverständlichkeiten im politischen Diskurs zählen. Vor dem Hintergrund der Langzeitgeschichte werden die Beziehungen zwischen Imperialismus, Zionismus und deutschem Faschismus herausgearbeitet. Gerade bei dieser Thematik wurde darauf geachtet, dass Beteiligte und Zeitzeugen zitiert werden. Andererseits soll es sich nicht um eine literarische Anthologie, sondern um eine historisch authentische Analyse handeln. Die Geschichtsdarstellung wird durch die die Ereignisse tragenden Kräfte, Entscheidungsinstanzen und beteiligten Personen belegt. Eine historische Einleitung führt in die Komplexität dieser Problematik ein. Von den Anfängen des Zionismus bis zur Gegenwart wird eine Kontinuität aufgezeigt, die den herrschenden Mythen widerspricht.

Risala Nr. 8

LügeMachtKrieg

Imperialistische Medien-Manipulation

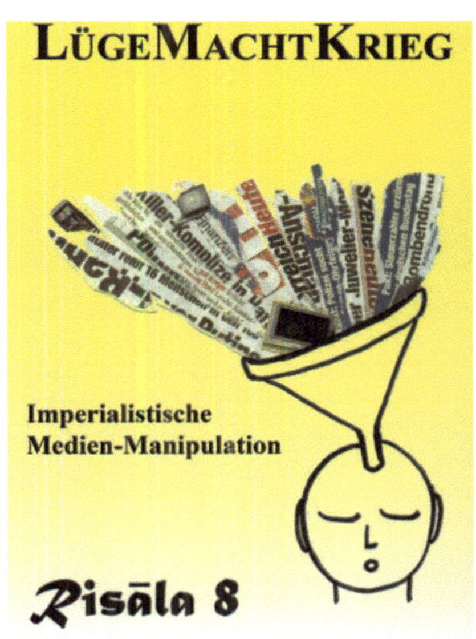

Lüge Macht Krieg
Macht Lüge Krieg?
Krieg durch Lüge und Medienmanipulation?
Kriege ich durch die Macht der Lügen ein Durcheinander im Kopf?

Die Beiträge in Risāla Nr. 8 geben einen Blick hinter die Kulissen der Meinungsschmiede.
Sie zeigen Muster der Manipulierung auf.
Risāla deckt an Beispielen auf, wie der Krieg zuerst in die Köpfe eingepflanzt wird.
Festgestellt wird: Es braucht erst die Lüge, um einen Angriffskrieg anzuzetteln.
Die Wahrheit ist bei Kriegsbeginn schon lange geopfert.

Das Risāla Autorenkollektiv gibt Denkanstösse, die Manipulation der Medien zu entlarven und sich davon zu befreien. Jede und Jeder bekommt die Möglichkeit, sich aus dem Spinnennetz der Manipulation zu befreien und Wege zur eigenen Meinung zu finden

ARBEITSKREIS SÜD-NORD

228 Seiten
ISBN: 978-3-939710-24-0
16 €

Karam Khella

Imperialismus heute Krieg und Frieden

Behandelter Zeitraum: 1945 bis zur Gegenwart

ISBN 978-3-939710-06-6
3. überarbeitete Auflage 2013
404 Seiten
22 €

Das Buch enthält eine umfassende Analyse der gegenwärtigen Weltlage und zeigt Perspektiven für die Zukunft auf.

- Militärische Bedrohung des Globus
- Herrschaft und Unterdrückung
- Anatomie der Destruktivität, Aggressivität und des Kriegs
- Über den Zusammenhang von Imperialismus und Militarismus
- NATO
- Der Krieg nach dem letzten und vor dem nächsten Krieg

Der Autor erhebt stets den Anspruch, eine Orientierung für die Praxis anzubieten. Was tun? Wie setzen wir uns mit den Widersprüchen der Weltlage auseinander?
Wir sind gefordert. Verstehen geht dem Handeln voraus. Das Werk ist höchst aktuell und lädt zu persönlichem Engagement ein. Der Frieden ist für den Imperialismus gefährlicher als der Krieg.

Während „Imperialismus heute" vor allem die militärische Bedrohung des Globus, den Krieg und die NATO behandelt, werden in „Die gespaltene Welt" die Ökonomie, Rohstoffe, Schulden sowie der Nord-Süd-Konflikt bearbeitet.